徐若央 著

纳兰容若词传

人生若只如初见

台海出版社

图书在版编目（CIP）数据

纳兰容若词传 / 徐若央著. -- 北京：台海出版社，2020.10

ISBN 978-7-5168-2688-1

Ⅰ.①纳… Ⅱ.①徐… Ⅲ.①纳兰性德（1654-1685）–传记②纳兰性德（1654-1685）–词(文学)–文学欣赏 Ⅳ.① K825.6 ② I207.23

中国版本图书馆 CIP 数据核字（2020）第 145500 号

## 纳兰容若词传

著　　者：徐若央

出 版 人：蔡　旭　　　　　　　封面设计：尚世视觉
责任编辑：曹任云

出版发行：台海出版社
地　　址：北京市东城区景山东街 20 号　　邮政编码：100009
电　　话：010-64041652（发行，邮购）
传　　真：010-84045799（总编室）
网　　址：www.taimeng.org.cn/thcbs/default.htm
E – mail：thcbs@126.com

经　　销：全国各地新华书店
印　　刷：三河市金泰源印务有限公司

本书如有破损、缺页、装订错误，请与本社联系调换

开　　本：880 毫米 ×1230 毫米　1/32
字　　数：170 千字　　　　　　印　张：8
版　　次：2020 年 10 月第 1 版　　印　次：2020 年 10 月第 1 次印刷
书　　号：ISBN 978-7-5168-2688-1

定　　价：39.80 元

版权所有　　翻印必究

纳兰容若

## 序：初见

　　遇见容若，是一切美好的开始。

　　十七岁的时候，在书店发现了一本《纳兰词》，书架第五层左数第七本，至今都记得它的位置。翻开之后，第一句词便是"人生若只如初见"，那时候，未曾经历过爱憎恨别离，却因这一句话，怅然若失。

　　我想，这是冥冥之中的缘分，与古人之间的缘分。

　　他是什么样的公子？君子世无双，陌上人如玉，也曾鲜衣怒马少年时，也曾赌书消得泼茶香，也曾满腔热血酬知己，也曾金戈铁马赴塞外。他出身显赫，锦衣玉食，前程无量，但这些偏偏不是他心中所求，他只想于喧嚣的尘世中，寻觅一方净土，爱一个人，追一场梦。

　　容若，是孤独者。你听过孤独者的声音吗？或是在月下，或是在庭前，或是在梦中，孤独的人在书写，书写绝望与惆怅，像一缕寒烟，飘浮在寂静的国度，等待遗忘。他将人生至欢、人生至苦写进词中，短短三十载的人生，如流星划过，有温暖，有凄清，有深情，有凉薄。如今，我们翻开《纳兰词》，词中可见花开花落，悲欢离合。不知何时，曾经读过的诗词，已在生命中慢慢盛开，那些古人经历的欢喜、挫折、思念、感动，我们正在经历。终于明白，原来，我们都是一样的人。

曹寅曾言："家家争唱饮水词，纳兰心事几曾知？"

的确，哪怕将公子的词读了千遍万遍，也未必真的懂他。人生何其复杂，自己的人生都未曾参透，又如何参透别人的人生。我只愿以温柔纯粹的文字，讲述容若的一生，只因我曾深爱过他，以不染纤尘的心爱过他。

徐志摩曾这样评价他："成容若君度过了一季比诗歌更诗意的生命，所有人都被甩在了他橹声的后面，以标准的凡夫俗子的姿态张望并艳羡着他。但谁知道，天才的悲情却反而羡慕每一个凡夫俗子的幸福，尽管他信手的一阕词就波澜过你我的一个世界，可以催漫天的烟火盛开，可以催漫山的荼蘼谢尽。"

每个人心中都有一位纳兰公子，他并没有真正地离开人间，因为你还记得。

# 目 录

### 卷一　人生若只如初见
【1】不是人间富贵花　/ 002
【2】以自然之舌言情　/ 009
【3】多少英雄只废丘　/ 015

### 卷二　落尽梨花月又西
【1】薄妆浅黛亦风流　/ 022
【2】谁翻乐府凄凉曲？　/ 026
【3】一朵芙蓉著秋雨　/ 033
【4】而今才道当时错　/ 039

### 卷三　衣不染尘年少时
【1】君子之交淡如水　/ 046

【2】赋词一阕咏白梅 / 055

【3】万般景语皆情语 / 059

【4】君子不负勿欺心 / 063

【5】万春园里误春期 / 069

【6】酬知有愿频挥手 / 079

## 卷四 我是人间惆怅客

【1】着个闲亭挂夕曛 / 086

【2】知君何事泪纵横 / 089

【3】海棠断肠又轻语 / 096

【4】不待征人尽北归 / 101

## 卷五 十八年来堕世间

【1】谁家女儿着红妆 / 110

【2】多情情寄阿谁边 / 118
【3】伤心合是樱桃侣 / 127
【4】然诺重，君须记 / 134
【5】绝塞生还吴季子 / 143

卷六　当时只道是寻常

【1】谁念西风独自凉 / 152
【2】为伊判作梦中人 / 158
【3】衔恨愿为天上月 / 166
【4】天上人间俱怅望 / 170

卷七　半世浮萍随逝水

【1】家家争唱饮水词 / 178
【2】人生别易会常难 / 184

【3】三载悠悠魂梦杳 / 190

【4】不信归来真半百 / 197

【5】聒碎乡心梦不成 / 202

【6】乌衣巷口绿杨烟 / 207

【7】明月多情应笑我 / 216

## 卷八　一宵冷雨葬名花

【1】君老江南我燕北 / 226

【2】留君不住从君去 / 229

【3】人生何如不相识 / 232

【4】此情可待成追忆 / 237

## 卷一　人生若只如初见

# [1] 不是人间富贵花

顺治十一年(1654),腊月十二。

京城下了一场大雪,寒风呼啸,夹杂着柔美的雪花,簌簌而下,落在黑色琉璃瓦上,温婉又宁静。

明珠府,一个年轻男子坐在廊下,努力保持一副冷静、沉稳的样子,实则心中已然乱成一团。

他就是纳兰明珠,日后权倾朝野的重臣,不过,那都是后话。现在的明珠,只是一个小小的侍卫。

等待妻子临盆的男子,心情总是十分复杂:坐立不安,心如火灼,紧张期待。

心里无数次地自问:"会是男孩,还是女孩?"

若是男孩,他希望成为德才兼备的巴图鲁(巴图鲁,蒙古语"英雄、勇士"的意思)。

若是女孩,他会视为掌上明珠。

无所谓男女,只要这个孩子能够平安地来到世上便好。

这一刻,他思绪万千,实在不像铁骨铮铮的纳兰家男儿。

纳兰，多么古老的姓氏。

纳兰是明珠的姓，而叶赫是他的家族。

据史料记载，叶赫那拉氏的祖先为五代时期的海西女真，原姓土默特。后来，举族迁徙到叶赫河岸，建立叶赫部。

叶赫，在蒙古语中是"伟大"的意思。

这个家族曾辉煌一时，与爱新觉罗家有着千丝万缕的联系。

故事要从明朝万历十年（1582）讲起，这一年，叶赫部诞生了一个女婴，她是叶赫部首领布斋之女，出生时，便有巫师预言："此女可兴天下，可亡天下。"

历史文献并未记载她的名字，影视剧中称其为东哥，后世称"叶赫老女"。

时光飞逝，转眼间女孩已经长大，成为女真第一美人。

越是美貌的人，越容易被利用。

她成了叶赫部的武器，一把杀人不见血的刀。

十岁的时候，父亲布斋便让她嫁哈达部歹商贝勒。一个小女孩，懵懂无知，并不知这背后隐藏着可怕的阴谋。迎亲路上，叶赫部伏兵杀害歹商贝勒。鲜血染红了少女单纯的双眼，她才知自己不过是父亲诱敌的筹码。

十二岁那年，她又成了父亲谋取利益的诱饵。叶赫部联合哈达、乌拉、辉发、科尔沁蒙古、锡伯、卦勒察、珠舍里、讷殷共九部首领，发兵三万，准备攻打努尔哈赤。布斋将女儿许配给乌拉部布占泰，诱使他参战。

这场战争史称"九部联军之战"，此战惨烈，努尔哈赤诱敌深入、设下埋伏，最终联军大败，布斋死于兵卒利刃之下，布占泰沦为努尔哈赤的俘虏。

四年后，布占泰被释放，当他准备迎娶布斋之女时，却听闻叶赫部为了长久的和平，遣使向努尔哈赤通好，愿将女真第一美人许配给努尔哈赤。说是许配，其实就是将女子当成礼物送出去，换取家族的安宁。

努尔哈赤欣然应下这桩婚事，布斋之女却誓死不从。

但凡是血性女子，怎会忍辱嫁给杀父仇人！她不仅拒绝婚事，还对兄长布扬古道："谁能够杀了努尔哈赤，我就嫁给谁。"

这是布斋之女第一次主动毁掉婚约，更是对命运的反抗。

一时间，听闻消息的勇士们跃跃欲试。

哈达部酋长孟格布禄最先对努尔哈赤宣战，万历二十七年（1599）五月宣战，九月兵败。

接着，辉发部的首领拜音达理贝勒背弃与努尔哈赤之女的婚约，执意与布斋之女订婚，最后，辉发部被灭。

乌拉部贝勒布占泰不甘落后，再一次与布斋之女订婚，把自己与努尔哈赤六度联姻、七度盟誓的事情抛掷九霄云外。努尔哈赤亲率大军攻打乌拉部，次年正月，乌拉部灭亡。布占泰逃往叶赫部寻求庇护，却遭布斋之女唾弃，最终郁郁而终。

冲冠一怒为红颜，也不知布斋之女究竟生得一副怎样的皮囊,竟能让这些人自相残杀。

万历四十三年(1615),布斋之女已经三十四岁。岁月并没有在她脸上留下痕迹,她依旧是倾国倾城之貌。这一年,东蒙古暖兔部首领之子吉赛想要娶她,东蒙古喀尔喀部达尔汗贝勒之子莽古尔岱亦来求亲,努尔哈赤更是觊觎布斋之女已久。

三虎相争,最终她的兄长布扬古想出一计:将妹妹随意嫁给一人,挑起三方之乱,自己坐收渔翁之利。

于是,布斋之女嫁给了莽古尔岱。

古代女子出嫁年龄大都十五六岁,她出嫁之时已算高龄,因此,史书上称她为"叶赫老女"。

自古红颜多薄命,布斋之女出嫁不到一年,便芳魂永归。

同一年,努尔哈赤称帝建立后金。三年后,努尔哈赤以"七大恨"告天,与明王朝彻底决裂。

这七大恨中,数次提到叶赫:"逞兵越界,卫助叶赫""明越境以兵助叶赫,俾我已聘之女""边外叶赫,获罪于天""今助天谴之叶赫,抗天意,倒置是非,妄为剖断"。

对于叶赫部,努尔哈赤应是又爱又恨,爱极了布斋之女的美貌,恨极了布斋之女的决绝。

《满文老档》中记载,努尔哈赤曾这样评价布斋之女:"此女用逸挑唆诸申国,致启战端……我即得此女,亦不能长在我处,无论聘与何人,该女寿命不会久长。"

明万历四十七年(1619),六十一岁的努尔哈赤亲率铁骑,兴兵征伐叶赫部,布扬古请降,努尔哈赤恐有后患,便下令缢死布扬古，斩草除根。

至此，叶赫部灭亡。

每当想到那段历史，明珠便会陷入长久的忧伤。

他的祖父金台吉曾是叶赫部首领，后被努尔哈赤下令绞死，金台吉的妹妹孟古又是努尔哈赤的妃，生子皇太极。纳兰氏和爱新觉罗氏之间有着数不尽的爱恨情仇，温暖的亲情中包裹着蚀骨之恨，哪怕是明珠，也没能逃过命运的捉弄。

他所娶之人正是爱新觉罗氏的女子。

岳丈阿济格是努尔哈赤第十二子，多尔衮之胞兄。曾是战功赫赫的勇士，以百战定天下，为大清立下过汗马功劳，封为英亲王。若一生本本分分，便可以安享晚年，可他偏偏贪恋权势，一次又一次地挑战皇权。

趁多尔衮病死之时，欲谋反夺政，事情败露后，遭到幽禁，其子被削去爵位，降为贝子。幽禁期间，阿济格仍然不知收敛，狂妄无力，扬言要放火烧毁监房。顺治帝忍无可忍，下令将其处死。

英亲王府走向没落，明珠也有了接近皇亲贵胄的机会。

明珠是爱过爱新觉罗氏的，至少疼惜过那个孤苦无依的爱新觉罗氏，也曾在冬日为她披上一件寒衣，拭去她眼角的泪水。

然而，婚后的爱新觉罗氏渐渐露出了本性，那是埋藏在血肉中的骄横强势。她见到明珠夸赞婢女的眼睛漂亮，便将婢女的眼睛生生挖出，送到明珠面前。

那一刻，明珠的爱便开始消亡。

他终于意识到自己所娶之人并非简单的女子。

婴儿的啼哭声划破雪夜的宁静，婢女惊喜地跑去报信："是位公子！"

明珠再也无法压抑心中的喜悦，他做阿玛了！

那是他的长子，是纳兰家族的希望。

他为这个孩子取名成德，出自《周易·上经·乾》："君子以成德为行，日可见之行也。"

何为君子？

子曰："君子义以为质，礼以行之，孙以出之，信以成之。君子哉！"

意思就是说，君子做事应以道义为基础，以礼仪来实行，以谦逊的语言来表达，以诚信的态度来完成，这才是君子！

人生漫漫路，他希望这个孩子能够于风雨之间立定脚跟，于刀刃之前无惧无退，于黑暗之中不改方向。

明珠来到暖阁中，小心翼翼地抱起襁褓中的成德，听着外面呼啸的北风，轻声道："这孩子的乳名便叫冬郎吧！"

冬日出生，就叫冬郎，古人起乳名总是如此简单，或是借用花鸟草木之名，或是禽兽之名，随口叫成，琅琅上口便好，王安石出生时有只獾跑入产室，于是，小名便是獾郎。

明珠忽然想到八百多年前也有一位冬郎——韩偓。

韩偓十岁那年,曾为即将离京的姨夫李商隐赋诗。李商隐为他的诗情所惊,当即作诗称赞。

### 其一

十岁裁诗走马成,冷灰残烛动离情。
桐花万里丹山路,雏凤清于老凤声。

### 其二

剑栈风樯各苦辛,别时冰雪到时春。
为凭何逊休联句,瘦尽东阳姓沈人。

少年作诗,顿时满座皆惊。李商隐不禁大赞:"雏凤清于老凤声。"

明珠对自己的冬郎也寄予了厚望,更希望未来他的才华能远超过那位韩冬郎。

"冬郎啊冬郎,"明珠轻唤着孩子的乳名,"莫要让为父失望。"

外面的雪越来越大,白茫茫大地真干净!

此时的明珠府,仅仅是一座府邸,没有喧嚣,没有纷争,没有痛苦。

有的只是对新生命的祝福与期望。

## 〔2〕以自然之舌言情

康熙三年（1664），上元佳节。

这日的京城最是热闹，千家万户张灯结彩，香车宝马参错其间，仿佛每一处都充满欢声笑语。

古人爱赏灯，哪怕是挂灯，也有千万种花样。挂灯之前要试灯，结彩楼，彩楼上设有机关，有白鹭转花、黄龙吐水。

古人也爱赏月，全家人围炉观月，吃着热气腾腾的汤圆，糯香甜软，一口咽下，暖到心里，最是悠然惬意。

这是一个关于灯与月的节日。

冬郎十岁了，《礼记·曲礼上》："人生十年曰幼，学。"

幼学之年，他已是文武双全的少年。

文，儒家六经、诗文典籍，皆是启蒙教育。学习汉文化的同时，又要学满文、蒙文。

武，骑射乃是旗人之要务。先祖入关，便是依靠铁骑征战四方。

少年冬郎已成为明珠的骄傲，文能吟诗作对，武能弯弓射箭，不知羡煞多少旁人。

上元夜，明珠府悬挂着盏盏莲花状宫灯，恍若白昼，冬郎也亲手制作了一盏灯，绘上红梅傲雪，挂于廊下。

上元乃是团圆之夜，纳兰家族的宗亲自然要来明珠府共赏明月，明珠为显冬郎文采，便命冬郎赋诗一首。

古人大都喜欢吟咏圆月，而今年的上元恰逢月食，冬郎便作诗《上元月蚀》:"夹道香尘拥狭斜,金波无影暗千家。姮娥应是羞分镜,故倩轻云掩素华。"

他将月全食比作嫦娥娇羞掩面,描绘京城繁华,千家待明月,格律工整,可见其文学底蕴深厚。

这一日的明珠府,甚是热闹,众人称赞冬郎的才华,明珠夫妇心中欢喜。

无人注意到冬郎眼中的落寞,他独自走到庭院中,望着夜空,忽然想起一个人,一个早已被人遗忘的英才。

那就是他的启蒙老师。

他能有今日之才,全凭那位老师的悉心教导。

在年幼的冬郎心中,曾住过一个伟岸的身影,那便是他的父亲。

冬郎深知父亲与其他满人不同,他崇尚儒学,收藏诸多字画、书籍,对汉文化的热爱并非徒有虚表。

正因为受父亲的影响,冬郎对待功课不敢有丝毫懈怠,家中藏书,无不仔细翻阅,遇到困惑之处,便去求教父亲,总能得到令他叹服的答案。他认为,父亲是一颗真正的"明珠"。

纳兰成德曾在《渌水亭宴集诗序》中描绘过自家的府宅:"予家象近魁三,天临尺五。墙依绣堞,云影周遭;门俯银塘,烟波溰漾。蛟潭雾尽,晴分太液池光;鹤渚秋清,翠写景山峰色。云兴霞蔚,芙蓉映碧叶田田;雁宿凫栖,秔稻动香风冉冉。"

这般景象不禁让人想起《红楼梦》中的大观园，亭台楼阁，繁花似锦，胜似江南风光。即便不出家门，也能欣赏碧水青山、四时花鸟。想来，冬郎的童年应是无忧无虑，两耳不闻窗外事，一心只读圣贤书。

那个锦衣少年时常会在梨花树下翻阅古籍，柳絮风轻，梨花雨细，偶尔有似雪的花瓣恰好落在指尖，留下沁人心脾的淡香。

后来，明珠改任内务府郎中，忙于公务，极少回府，便用重金为冬郎聘请了一位启蒙老师——丁腹松。

丁腹松为人耿直，满腹经纶，却因不善交际，三十余岁才举孝廉为官。

明珠慧眼识人，丁腹松果真不负重托，治学一丝不苟，从不因冬郎出身高贵而纵容宽松，反而更加严谨。

在教授冬郎的同时，丁腹松也在认真准备会试。

会试那日，丁腹松走进考场，便有官员主动向他作揖，他以为是自己才名远播，又在明珠府上教学，因此受人礼待。直到金榜题名后，他才得知真相，原来纳兰明珠早已暗中打通关系，为自己的前程"铺路"。

丁腹松大怒道："我一生名节扫地以尽了！"

他认为以自己的才华，即便不做这些腌臜交易，也不会落榜。

但明珠清清楚楚地告诉他："以你之才，往年未能高中，只因为处世太过古板，不懂变通之道。况且，此事又无旁人知晓，你又何必较真。"

丁腹松冷笑："大人之言，恕我不敢苟同。"

两人的争吵声一字不差地传入冬郎耳中，孩子幼小的心灵又会怎么想？

一定是如遭重击！

那晚，冬郎辗转难眠，从迷茫到心痛。

成长不过是一夜之间的事情。

他对成年人的世界产生了排斥、厌恶，他开始恐惧自己的人生，会不会像老师那般被父亲一手安排？对于父亲而言，他到底是什么？是孩子，还是棋子？

次日清晨，丁腹松收拾好行囊，准备离开明珠府，回乡归隐。

明珠没有阻拦，只交给冬郎一个锦盒，命他送给丁腹松。

丁腹松缓缓打开锦盒，只见里面放着厚厚一摞汇券，足足万金。

好一个纳兰明珠！这些年在内务府当官，应是贪下不少钱财。内务府源于满族社会的奴仆制度，承办皇帝家的衣、食、住、行等一切事物。采办之时，内务府官员可以任意抬高价格，虚报银两，例如一个鸡蛋便可要三十两白银，衣服打个补丁也要五两。官员无论品级高低，都共同作案，这是内务府常态。

这钱太脏。

丁腹松面无表情地将汇券扔进炭盆，临走前，他在冬郎耳旁低声道:"成德,君子以成德为行,日可见之行也。谨记君子之行,做良善之人!"

若问他此时心中有何不舍,那必定是眼前这个孩子。

有些人生来便有锦绣前程,冬郎便是如此,明珠已为他铺好了前方的路。但一个人如何成长,长成什么样子,不是由旁人决定的,而是由自己。

他即将离去,这辈子怕是不会再见了。唯愿少年永存赤子之心,用心观红尘千丈,执笔写人间百态。

万金汇券在大火中烧为灰烬,冷风袭来,吹散了燃烧之物,火花落到冬郎的锦衣上,烫出一个漆黑的洞,像极了望不见底的深渊。

他的心仿佛也被什么东西烫了一下,疼得想要落泪。

再抬头时,已不见老师的身影。

这是冬郎第一次对父亲的处世之道产生了怀疑。

他望着家中的水榭楼台,只想到一句诗:"朱门酒肉臭,路有冻死骨。"

这高门广厦,一砖一瓦,皆是民脂民膏,看似繁华美好,实则污秽不堪。

冬郎清楚地意识到自己与父亲是两个世界的人,从这一刻起,他的心便彻底关闭了。

如今,正逢上元夜,古人云:"但愿人长久,千里共婵娟。"

远在千里之外的丁腹松，抬头观月之时，会不会想起京城的那位少年？

一阵凛冽的寒风袭来，冬郎抬起头望见到处都是花灯焰火，梅梢的积雪微微融化，他提笔写下一阕词。

### 一斛珠·元夜月蚀

星球映彻，一痕微褪梅梢雪。紫姑待话经年别，窃药心灰，慵把菱花揭。

踏歌才起清钲歇，扇纨仍似秋期洁。天公毕竟风流绝，教看蛾眉，特放些时缺。

冬郎从来不是一个寻常的孩子，他比同龄人更早认清这个世界。

能用"窃药心灰"四字，足见他心中的痛。

他的父亲何尝不是偷药的嫦娥！李商隐有句："嫦娥应悔偷灵药，碧海青天夜夜心。"对于当年之事，父亲可曾有过一丝后悔？

嫦娥，神话故事中最爱的仙子，为了长生，背负一个"窃"字，守着冰冷又华丽的月宫，不老不死，承受生生世世的孤单。这样的结局，会不会在父亲身上应验？

冬郎从不敢想父亲的结局，更不愿想。

今夜的天公如此风流任性，为看一眼蛾眉弯月，便制造了这场月蚀奇观。这些年，父亲为了一己私欲，又做下多少见不得光的事情!

王国维称赞纳兰成德"以自然之眼观物,以自然之舌言情"。

其实,他很小的时候便做到了,以眼观万物,以笔写真情。他本就是这芸芸众生中的一人,逃不过宿命。

梨花飘落,时光飞逝,成德渐渐长大,成为君子,明珠步步高升,成为权臣,父子二人渐行渐远……

## [3] 多少英雄只废丘

《广雅·释器》:"矢,箭也。"

冬郎很小的时候,便开始触碰这种冰冷的武器。

小小的手指挽寒弓,搭长箭,日夜训练,只为成为人中翘楚。

那时的冬郎还只是孩子,他不知铁骑无情,弓箭伤人。骑射,已成为他的必修课。

明珠虽公务繁忙,却也会亲自指导冬郎射箭。他曾担任侍卫,骑射之术出类拔萃。清代侍卫制度相当严格,入关后,统治者效仿周礼,又融合明朝的护卫制度,形成新的三旗侍卫体制。从上三旗中挑选出优秀的青年男子,这些人大都是贵族宗亲,不必经过寒窗苦读,即可光耀门楣。侍卫,并非王孙公子的终点,而是他们的起点,过了而立之年,他们会出任官职。从此，海阔凭鱼跃，天高任鸟飞。这也是统治者对八旗子弟的恩赏，寻常百姓一辈子得不来的东西，他们轻而易举便能得到。

冬郎自幼便听到不少称赞父亲之言，一半是谄媚，一半是真心。无论纳兰明珠做过什么，有一点必须承认，他的确是清初的风云人物。这样的人，自有值得学习的地方。

冬郎从不怀疑父亲的能力，幼年跟随父亲，听父亲提起祖先风采，赫赫战功，那些荣耀、骄傲，总让人难以忘记。

他说："满人，马上得天下。"

他说："骑射，不可荒废。"

他说："你是征服者的后代。"

明珠一次次提醒冬郎，他是满人，身上流淌着叶赫那拉氏和爱新觉罗氏的血，他是家族的希望。

白山黑水，孕育着一个铁骨铮铮的民族。他们以畜牧、游猎为生，以苍鹰、烈马为友，血液中涌动着原始的狼性，满人离不开骑射，那是他们的灵魂。入关后，八旗子弟享受着皇帝赐予的荣华富贵，渐渐迷失了初心，忘了祖先遗风。为此，顺治帝、康熙帝、雍正帝、乾隆帝，先后采取强制措施，督促八旗子弟苦练骑射。

顺治帝规定：十岁以上的亲王宗室，每隔十日便要到校场演习骑射。他们是贵族，享受权力，承担责任，越是优秀的人，越是应该在磨砺中成长，千锤万凿，成就一番事业。

满人骨子里流淌着热血，校场之上，必要一较高下。八旗子弟,每个人身后都是一个家族、一个姓氏,他们的荣,便是家族的荣;他们的辱,便是家族的辱。

那日,少年冬郎手持弓箭、身骑白马,站在校场之上,战鼓响起,震耳欲聋,一声声直达心底,一向安静的冬郎第一次有了心潮澎湃的感觉。

他终于明白了,为何父亲会如此敬仰先祖。大概,就是因为骨子里藏着先祖的英勇,愿将先祖热爱的东西传承下去,子孙万代,皆记得历史的荣光。回府之后,冬郎更加刻苦地练习骑射。韩菼在《进士一等侍卫纳兰君神道碑》中曾写道:"上马驰猎,拓弓作霹雳声,无不中。"

多年之后,他已成为八旗子弟中的翘楚,文武双全,成就远远超过同龄人。只是,漫长的成长岁月,少年已不再是少年,不知何时,他的心中种下了一颗名为"忧郁"的种子,生根发芽,郁结难舒,那颗心再也没有感受过热血澎湃。

在王孙贵族之中,他是一个优秀的人,亦是一个孤独的人。那些年,策马扬鞭,百步穿杨,周围满是长辈的称赞声,可是,他不觉一丝欢喜,反而感到沉重。也许,成长中的某一日,当他意识到弓箭是取人性命的利器时,他便愈发厌弃了它。

康熙二十一年(1682),清秋,纳兰成德奉命出使梭龙,途经诸侯争战之地,曾写下一首怀古词,这首词足以表达成年冬郎对家国兴亡之思,对群雄争霸之感。

## 南乡子

何处淬吴钩?一片城荒枕碧流。曾是当年龙战地,飕飕。塞草霜风满地秋。

霸业等闲休,跃马横戈总白头。莫把韶华轻换了,封侯。多少英雄只废丘。

何其悲凉的词句,何其哀伤的感叹。

这里,曾刀光剑影,血流成河,成就了多少将领?埋葬了多少亡灵?

当诗人站在这片土地上,走过荒凉的城池,望见碧水悠悠,心中不禁发出感叹:"何处淬吴钩?"

吴钩,春秋时期一种形似剑而弯曲的青铜刀,由吴王下令铸造,《吴越春秋·阖闾内传》说:"阖闾既宝莫耶,复命于国中作金钩,令曰:'能为善钩者,赏之百金。'吴作钩者甚众。而有人贪王之重赏也,杀其二子,以血衅金,遂成二钩,献于阖闾,诣宫门而求赏。"

这本就是一个残忍的故事,父杀二子,以血涂钩,铸成双钩,金钱面前,亲情如此不堪。这柄利器,从铸造之初便染着鲜血,后来,将军带吴钩,立下赫赫战功,那份荣耀将杀戮的罪恶掩盖,吴钩成为骁勇善战、驰骋沙场的象征。李贺《南园》诗:"男儿何不带吴钩,收取关山五十州。"

谁还记得那个悲伤的故事?谁还记得如何淬成吴钩?没有人会提起,没有人愿意记得。但纳兰成德记得!他少年习骑射,深知利器必染鲜血,功成必有枯骨。

春秋战国,本就是一个不安的时代,荒芜的大地上满是战争、哀号,失败者无处葬骨,胜利者封侯拜相。曾经,这里是无数枭雄争霸的战场,而今只剩下飕飕风声。冷风呼啸,吹过荒野塞草……

此情此景,诗人所想所思,并非建功立业,而是感怀兴亡。他是征服者的后代,却厌倦战争,他更像是怜悯众生的佛陀,以悲悯的目光,睨世间万物,感万物之苦。

一场战争,宫阙万间都做了土。兴,百姓苦;亡,百姓苦。古往今来,战争到底给人类带来了什么?是荣耀,还是痛楚?战争面前,生命脆弱如浮萍,帝王、将相、百姓,任何人都逃不过宿命。

此时,纳兰成德已经不是十岁的少年,经历过人间风霜,他知道战争何其惨烈,弓箭何其伤人。先祖打下的江山,本就沾染了无数人的鲜血,那年年岁岁东流的碧水,承载着多少不为人知的伤痛。

一句"霸业等闲休",道尽了一代枭雄的落幕。那位将军运筹帷幄、杀伐果决,用青春换取封侯,最后,等到韶华逝去,将军已是满鬓白发,谁人还能记得他少年时的英姿?

多少英雄只废丘。这是那个时代无数英雄的结局,埋骨于废丘之上,白骨英魂只化为史书上的寥寥几字。

功名也好,权力也罢,最终都是一场虚无。人们期盼着盛世长存,现实却是群星陨落。那些辉煌一时的人,终将化为历史的尘埃，烟消云散。

　　纳兰成德怀着仁者之心写下这首词，怀古，思今。他从来不是一个残忍的好战者，他只想以最客观的方式看待战争。

　　成为征服者的后代，是他不可改变的命，但是，这一生，怎么活，怎么爱，由他自己决定。

## 卷二　落尽梨花月又西

## [1]薄妆浅黛亦风流

  暮春时节,梨花似雪,微风拂过,带来淡淡花香和曲终人散的哀伤。纳兰成德如往常一样,读书习字,指尖轻轻地翻过纸张,留下淡淡的墨香。

  明珠府的书房,是他最爱的地方。在这里,他不再是贵族公子,他只是一个求知者,沉浸在浩瀚书海,试图从文字中找寻人生的真谛。

  那日,他反复读着《长相思》:"长相思,在长安。络纬秋啼金井阑,微霜凄凄簟色寒。孤灯不明思欲绝,卷帷望月空长叹。美人如花隔云端。上有青冥之长天,下有渌水之波澜。天长路远魂飞苦,梦魂不到关山难。长相思,摧心肝。"

  他抬起头,恰好望见窗外残阳如血。

  少年人读诗,虽不知愁滋味,却也会伤心神。

  "长相思,摧心肝……"他反复读着这句话,放下书,闭目思考着,到底是怎样的相思情,才能让人肝肠寸断?

  没有经历过刻骨铭心的爱,又怎能体会到摧心肝的痛?

此时，纳兰成德并不知道，他将遇见一个女子，这个人的出现，会让他尝遍相思之苦。

一日，府中的丫鬟笑逐颜开地道："有客人来了！"

纳兰成德放下古书，跟随着母亲，一同往花厅迎客。

来客乃是他的表妹。旗人女子，自是骑马而来，月白色的绣花衣衫，淡扫蛾眉，目若秋水，那道倩影深深地印在了他的心中。

女子缓缓走向他，盈盈浅笑，唤了一声："成德表哥。"

声若黄鹂，甜美动听，似春风拂过眉间心上。

遇见你方知道，初见竟可以如此美好。

那是一场怎样的初遇？应是像极了贾宝玉初见林黛玉的情景：宝玉早已看见多了一个姊妹，便料定是林姑妈之女，忙来作揖。厮见毕归坐，细看形容，与众各别：两弯似蹙非蹙罥烟眉，一双似喜非喜含情目。态生两靥之愁，娇袭一身之病。泪光点点，娇喘微微。闲静时如姣花照水，行动处似弱柳扶风。心较比干多一窍，病如西子胜三分。宝玉看罢，因笑道："这个妹妹我曾见过的。"

初见，一见如故，从此，一往情深。

那一刻，纳兰成德的心底种下一颗爱情的种子。所慕之人，近在咫尺，懵懂初恋，生根发芽，那是人生中绽开的第一朵花，素雅净白，不染纤尘。

家中多了一位女子，自是与往日不同，平日里沉寂的府邸瞬间多了欢声笑语。那位表妹纯真烂漫，既有大家闺秀的娴静温婉,又有小家碧玉的娇憨可爱,最重要的是,她与纳兰成德一样,热爱汉人的文化。只是,两人性格内向,虽同住一个屋檐下,却未曾品茶论诗。每每相见,仅是行礼问安,又或是颔首微笑。

直到那日,一切开始有了改变。

那日,黄昏时分,残阳西下,朱帘斜挂在金钩之上,最是安静,最是慵懒。纳兰成德正在园中散步,不经意间,望见表妹独倚栏杆,眉宇间浸着无尽的哀愁,似有心事。

这时,丫鬟轻轻地走到她面前,主仆二人低语了几句,表妹眸中的忧愁渐渐消散。

不一会儿,表妹骑着白马从纳兰成德面前走过,略施脂粉,薄妆淡抹。

"去哪儿?"他随口问了一句。

表妹礼貌地回答:"城郊出游。"

纳兰成德凝视着她的身影,忽而脱口而出:"一起去!"

闻言,表妹微微怔住,似乎不敢相信刚才听见的话。一颗心顿时慌乱起来:他要与自己同游?该答应吗?会不会不合礼数?

这时,只听纳兰成德轻声道:"天快黑了,你独自出游,让我如何放心。"

良久,她慢慢回眸,羞涩地应道:"如此,也好。"

最初,纳兰成德不明白表妹为何要选在黄昏出游,直到望见落日余晖,才知原来黄昏竟如此让人心安。

暮色里，花叶摇曳风中，燕雀振翅而飞，农夫缓缓归家，牧童轻吹竹笛，没有一人匆忙，没有一人彷徨，只要迎着霞光而走，旅人必能找到家的方向。

纳兰成德的目光静静地落在她的脸庞，淡淡的余晖照在她的身上，月白的衣衫平添了几分温暖，一双清澈的明眸淡淡地望着远方，不知为何，他总能感觉到她的眼中藏着哀伤。

后来，他把那日的情景写进词中。

### 浣溪沙

一半残阳下小楼，朱帘斜控软金钩。倚阑无绪不能愁。

有个盈盈骑马过，薄妆浅黛亦风流。见人羞涩却回头。

《浣溪沙》曾是唐代教坊曲名，最早采用此调的正是唐代的那位冬郎韩偓，冥冥之中，自有天意。

词中，他没有刻意描写她的容貌，只用了一句"薄妆浅黛亦风流"，她从不需要浓妆艳抹，只要淡施脂粉，便已是倾城佳人。

纳兰成德写她的妆容，写她的举止，写她的神态，唯独没有写自己对她的情愫。其实，他自己也不清楚那份情感到底是什么。是牵挂，是关心，还是爱？

初恋，恰似一张白纸，等着恋人书写绚丽的青春。

多年之后，纳兰成德时常会回想起那个黄昏：盈盈骑马的姑娘，丝丝羞涩的脸颊，那是他全部的青春年华。

明珠府的书房中多了一道身影,陪着纳兰成德读书、习字,他们从儒家典籍谈到唐诗宋词,从人生哲思谈到星辰大海,小小的书房中,藏着两个人向往自由的心。

　　她会摘来一枝梅花,欢欢喜喜地送到他面前,轻声道一句:"江南无所有,聊赠一枝春。"

　　她说,要将整个春天送给他。

　　因为她,他的世界有了光。

　　他不再执迷于往事的悲伤,不再感叹世事的无常。他和她有了自己的小世界,共读诗书,共赏晚霞,他们都是这世间最纯粹的人,心如白玉,情如白雪。

　　少年也曾在读到"执子之手,与子偕老"时,心有期盼。

　　姑娘也曾在手绢上绣着"山有木兮木有枝,心悦君兮君不知",偷偷珍藏。

　　少年人沉浸在爱情中,成年人沉迷于权力中。

　　族中长辈早已安排好了两个人的前程,尤其是表妹,如此才貌双全的旗人姑娘,必要入宫选秀,成为帝王的枕边人,为家族荣辱而活。

　　而这对青梅竹马的有情人,也终将走向分离。

## [2]谁翻乐府凄凉曲?

　　清《八旗则例》卷七规定:"凡应选之秀女,未经选验以前,不准私行许聘出嫁,违者交部治罪,如选验时适有事故,不及阅看之秀女,年末及岁尚可候者,候下次验选,若十八岁至二十岁者,该旗都统查明迟误缘由,具奏请旨。"

《清宫史·宫规》:"凡秀女入宫,有名号者,父母年老,特旨许会亲,一年或数月,许本生父母入宫,家下妇女不许随入,其余亲戚不许入宫。"

多少人羡慕"飞上枝头变凤凰",多少人埋怨"鹦鹉前头不敢言",那道宫门如一把利刃,斩断了无数女子的羽翼,她们的一生,将永远束缚在华丽又冰冷的宫殿中,无法逃离,无法反抗。

顺治朝规定:凡满、蒙、汉八旗官员,另户军士和闲散壮丁的女儿,年至十三岁,必须参加每三年一次的选秀,到十七岁之后,便可不再参加。

如若选中入宫,等待她们的无非是两种命运:要么三千宠爱在一身,要么红颜未老恩先断。

聪明的女子绝不会羡慕后宫嫔妃,一入宫门深似海,那里有看不见的刀剑,有辨不清的黑白,那里的人战战兢兢,如履薄冰。

如果表妹入了宫,又会经历什么?纳兰成德不敢想,也不愿想。"选秀"二字成了他和表妹心中的一道伤,谁也不愿去触碰。

明珠府,表妹如往常一样骑马、读书,逼迫自己不去想选秀的事情。她总是这样,脸上挂着无忧的笑,将悲伤藏在心里,坚强得让人心疼。

这日,纳兰成德来到书房,镇尺下压着厚厚一摞宣纸,上面写的竟都是一句话:"君应有语,渺万里层云,千山暮雪,只影向谁去?"

这句话出自元好问的《摸鱼儿·雁丘词》,这首词中最出名的一句是"问世间,情为何物,直教生死相许",可表妹并没有写这句,而是写了另一句。

这句词可以理解为:君啊君,你应该知道,此去万里,形单影只,前路漫漫,千山暮雪,我孤影一人该往何处?

纳兰成德凝视着纸上的鸳鸯小字,又想起表妹云淡风轻的笑容,顿时心如刀割。

这些日子,她究竟承受了多少痛苦与压抑?

他来到她的门前,却没有勇气敲响那扇门。

见了她,该说什么?该做什么?他什么也不能说,什么也不能做。因为,他改变不了这个世界。

从叶赫部选择效忠帝王的那一刻起,后代的命运就已经注定,世代为臣。《说文·臣部》中言:"臣,牵也,事君者,象屈服之形。"甲骨文的"臣"像极了一只眼睛向下看,俯首下视,屈服听命。为臣者,第一件事情便是服从。

哪怕是纳兰明珠,都不敢挑战皇权与制度,更何况两个稚嫩的少年。他们都是困在牢笼中的囚鸟,被时代束缚了羽翼,望着万里晴空,终是无法飞翔。

那日,他在她的门前站了许久,直到余晖一点点消失。

夕阳无限好，只是近黄昏。

留给他们的时间，已然不多了。

最终，他还是没有推开那扇门，相思若梦，风里雨里，等不到撑伞的你。

临别前夕，最是折磨人心。那一夜，风雨潇潇，雨打芭蕉，女子的闺房中传出一声声凄凉的断肠曲，烛火一夜未灭，佳人一夜未眠。

### 采桑子

谁翻乐府凄凉曲？风也萧萧，雨也萧萧，瘦尽灯花又一宵。

不知何事萦怀抱，醒也无聊，醉也无聊，梦也何曾到谢桥。

世间有一事最难，那便是放下。

是谁一遍又一遍翻唱着凄凉的旧曲？风也潇潇，雨也潇潇，凄苦的夜，灯火燃尽，灯花又瘦，又是一个漫漫长夜。

纳兰成德望着她房中的昏黄之光，窗上映出她消瘦的身影，千般痛楚涌上心头。"不知何事萦怀抱"，他用了"不知何事"，当真不知吗？并不是，只是有些情感不能言明。

"醒也无聊，醉也无聊"，那晚，辗转难眠的岂止表妹一人，成德也是守着一盏瘦灯到天明。无论是清醒，还是沉醉，他们都无法逃避现实。

谢桥，谢娘所在之地。谢娘，泛指所思慕的女子。成德的词中多次用"谢娘""谢桥","谢娘别后谁能惜""莫误双鱼到谢桥"。

即便是在梦中,他也未曾到过谢桥,更无缘与谢娘相见。

表妹终究还是走了。

选秀那日,她默默地跟在太监身后,进了顺贞门,正如家族长辈所期待的,她的牌子被留下了。

那一瞬间,她的心彻底碎了。

她知道,这辈子再无自由可言。天边的飞鸟发出阵阵哀鸣,她一动不动地站在宫墙下,隔着海棠花,望见贵人们胸前的花丝香囊压襟,如此精致华丽,她忽然有些害怕,怕将来的自己会变成她们其中的一员。

你可曾感受过绝望?真正的绝望,大概就是自己明知故事的结局,却无法改变。

从这一日起,她便是皇帝的女人,她的成德表哥会慢慢忘了她,会娶妻生子,会开启一段新的生活,那一切,再也与她无关。她像是一只离群的孤雁,心慌意乱地落在后面,怎么飞都飞不过前方的高山。

一颗心仿佛跌落了万丈深渊,无处逃生,无处生还。

她被困住了,困住她的不是宫墙,而是时代。

她望见一重重宫门紧闭,岁月停在这里,余生只剩下彷徨。

那段美好的时光终成了过往,明珠府,亭台楼阁依旧,故人影稀,梨花簌簌而下,何处去寻惜花人?那梨花树下,终剩下他一人。

纳兰成德提笔写下了一首《画堂春》。

### 画堂春

一生一代一双人,争教两处销魂。相思相望不相亲,天为谁春?

浆向蓝桥易乞,药成碧海难奔。若容相访饮牛津,相对忘贫。

"一生一代一双人",短短七字道出了多少痴情儿女对爱情的希冀。一生一世只为一人而活,"一双人",不正是在说他与表妹吗?

年少时,无数次期望着遇见那个能相守一生的人,却没想到,那个人成了他一生的心结。

自别之后,两地悬心。她可适应宫中规矩?可不显锋芒?可笑逐颜开?可记得曾经"一生一代一双人"的誓言?

上阕四句化用了骆宾王《代女道士王灵妃赠道士李荣》中的诗句:"相怜相念倍相亲,一生一代一双人。"曾经离得那么近,相思、相望,却唯独不能靠近。唯有叹一句:天为谁春?

这春色一年又一年,梨花开了又谢,花为谁开?天为谁春?若你不在身边,繁花似锦又有何意义?

"浆向蓝桥易乞,药成碧海难奔。"分别用了两个典故:蓝桥捣药,嫦娥奔月。

据传,唐代有一位秀才,名为裴航,乘船之时,邂逅同船的女子樊夫人,女子作诗曰:"一饮琼浆百感生,玄霜捣尽见云英。蓝桥便是神仙窟,何必崎岖上玉清。"之后,便离去了。裴航读着女子留下的诗,百思不得其解。一日,裴航路经蓝桥驿,忽觉口渴,便向茅屋中的老妇人讨水喝,老妇人让孙女云英给他倒水。裴航见云英姿容倾城,不禁心生爱慕,想娶她为妻。老夫人道:"昨有神仙与药一刀圭,须玉杵臼捣之。欲娶云英,须以玉杵臼为聘,为捣药百日乃可。"裴航费尽千辛万苦,终于在虢州的一间药铺寻到了玉杵臼,又长途跋涉回到蓝桥,日夜捣药。月宫中的玉兔被裴航的痴情所感动,每日都会悄悄帮他捣药。老婆婆见裴航一片真情,终于答应了这桩婚事。成亲之日,樊夫人也来了,原来她正是云英的姐姐。当年,樊夫人在船上写下的那首诗,便是暗示这段姻缘。裴航与云英成亲后,过着幸福美满的生活,最后双双成仙升天。这便是"蓝桥捣药"的典故。

对于纳兰成德来说,蓝桥捣药是易事,难的是,药已成,碧海难奔。纵有长生灵药,却难如嫦娥那般飞向月宫。纵有山盟海誓,也难越过重重宫墙。王孙贵胄又如何?连最爱的人都守不住。

他第一次感受到现实的残忍,望着远处的红墙琉璃瓦,心一寸寸坠落到尘埃里。

"饮牛津"出自晋代张华《博物志》中的一段故事:"旧说云:天河与海通,近世有人居海渚者,年年八月,有浮槎来去,不失期。人有奇志,立飞阁于槎上,多赍粮,乘槎而去。至一处,有城郭状,屋舍甚严,遥望宫中多织妇,见一丈夫牵牛渚次饮之,此人问此何处,答曰:君还至蜀郡,问严君平则知之。"

这是耳熟能详的女郎织女的故事,纳兰成德引用此典,暗指愿与她相见,宁做贫贱夫妻,不受相思之苦。

多少人是因为一句"一生一代一双人"而爱上纳兰词,这是恋人的誓言,是离人的承诺。从古至今,人类一次次追寻爱情,又不得不败给现实。王孙贵族又如何,天之骄子又如何,到最后,还是要挣扎于人世的悲欢离合,叹一句:"相思相望不相亲,天为谁春?"

## [3] 一朵芙蓉著秋雨

爱情让人疯魔,谁不曾疯魔?

那一年,纳兰成德"疯"了,像是迷失在芦苇荡的白衣少年,寻不见伊人的方向,失魂落魄地等在原地,独自彷徨,独自流浪。

自从表妹离开后,他便患了无药可医的相思之症。心病终须心药医,唯一能救活自己的方法,便是重逢。

纳兰成德心中萌生出一个念头：一定要见到她！

无论付出什么代价，他一定要见到表妹。

那年，正逢国丧，举国哀痛，千里缟素。

宫门外，纳兰成德若有所思地望着那些进出宫门的喇嘛，心中有了一个大胆的想法：也许可以买通喇嘛，披着袈裟，跟着队伍偷偷入宫。

这个疯狂的想法一旦萌生，便会生根发芽，日日夜夜引诱着他。纳兰成德明知私入内宫是重罪，甚至会牵连家族，但他还是愿意冒险一试。

十几岁的少年，血气方刚，爱情让人失去了理智，哪里还顾得上家族荣辱？

他这么想着，便这么做了。

那日，他鼓足勇气穿上袈裟，由于太过紧张，心跳得异常剧烈。护城河映着他的身影，他微微低头，才发现自己的面容竟如此苍白，没有一丝血色，深吸几口气，才稍稍缓和了一些。

到底是不经世事的少年，冲动过后，方知害怕。

然而，他并不愿后退。哪怕前方是万丈深渊，他亦要迈出这一步。

他小心翼翼地跟随在喇嘛的身后，侍卫并未察觉到异常，他顺利地进入了皇宫，抬头望去，满眼皆是红墙琉璃瓦，几只乌鸦盘旋在天空中，那是庇佑大清的神鸟，是这个民族远古的信仰。

纳兰成德下意识地闭上双眼,默默祈求今日一切平安。

这皇宫极其安静,除了脚步声,再无杂音。他早已辨不清方向,只知近处是朱红宫墙,远处是殿宇楼台,如此巍峨,如此压抑,让人不寒而栗。

难以想象,竟有人愿意在这里生活几十年。

回廊处,一行宫人轻步走来,花盆底的鞋子踩在石板路上,发出清脆的声音。他不禁又想起表妹,她总能穿着这样的高底鞋子,在院中跑来跑去,像白山黑水之间的白鹤。

纳兰成德忍不住抬起头,想在人群中寻找一个熟悉的身影。

是缘分,还是巧合?

就在他抬头的瞬间,一个女子正缓缓回眸。

是她!他不会认错。

表妹微微一怔,也认出了纳兰成德。

目光交错,百感交集,那复杂的眼神含着太多的情感,有惊讶,有慌乱,有伤痛,有不舍,两个年轻人的眼中浸着不属于这个年龄的泪光。

谁会想到相遇竟是这般匆匆,不经意的瞬间,便成了彼此心中的永远。直到许多年之后,他们偶尔也会想起那个瞬间,温暖长留心间。

女子消瘦的身影如一片枯叶,立于冷风之中。她憔悴了许多，不知经历了什么，那双眼睛竟失去了从前的光泽。现在的她，如此安静，如此畏惧，不似从前那般洒脱。终究，当年那个爱笑的姑娘还是不见了。

多想问她一句，一切安好？

多想听她一答，一切如初。

然而，他不能问，不要言。他只能站在原地，任由这场相逢从开始走向结束。

宫人催促着表妹前行，她片刻不敢停留，却又不愿一言不发地离去，至少应该留下些什么，给彼此心头刻下一道痕迹。

她抬起柔荑般的玉手，缓缓取下鬓间的玉钗。这是他送她的玉钗，她一直都留在身边，视若生命。夜深人静之时，她总会拿出玉钗，回想着从前的时光，一遍又一遍地欺骗自己：他们还会相见。

只是，她没想到，那些痴话竟成真了！

此时，他们相见，却不能靠近。她只能握着玉钗，轻轻地敲打着栏杆。

一声，又一声，声声入耳，声声断肠。

这是她留给他最后的声音。

从今往后，他都不会忘记。

那夜，他将这场重逢写进词中，写她的神态、举止，唯独没有写自己的深情。这首词如此小心翼翼，正如他们的爱，像极了在刀尖上行走的人。

### 减字木兰花

相逢不语,一朵芙蓉著秋雨。小晕红潮,斜溜鬟心只凤翘。

待将低唤,直为凝情恐人见。欲诉幽怀,转过回阑叩玉钗。

词中没有一句相思,可字里行间,皆透着相思。"相逢不语"是他的无奈,也是他最大的遗憾。千言万语化作深情的凝望,远远地四目相对,目光中凝着万种风情。

她是沉默不语的芙蓉花,在秋雨中摇曳,脸颊微微泛着红晕,不知是娇羞,还是紧张。

那一刻,两个人陷入了回忆。

梨花盛开时节,两人促膝而坐,他望见她笑语嫣然的模样,偶尔,朱唇轻启,轻叹一些悲伤的诗句。清风拂过,如雪的花瓣飘落在他们的掌中,她低着头看花,他抬着头看她,往事如梦,仿佛就在昨日,又仿佛已过千年。

风吹散了梨花,吹不散彼此的思念。

一个"欲"字,道出多少断肠泪。众目睽睽之下,恋人相逢,不能言语,不能呼唤,只能轻叩玉钗。

那一声声清脆的叩钗声化作利剑,深深地刺入他的心,令他痛不欲生。她会不会怨?会不会恨?怨世道的不公,恨制度的残忍,那些恨与怨终要化为寂寞宫廷中的胭脂血泪。

那一夜，彻夜难眠。

深宫之中，女子凭栏而立，听见雨打芭蕉，心碎一地。明明那么渴望相见，为什么相见之后，又不觉半分欢喜，反而愁绪满怀。

庭院之中，公子独倚斜阑，望见梨花似雪，黯然失魂。他忽然意识到自己错了，相见不如思念，今日重逢，到底是给了她希望，还是让她绝望？

那选择无论对错，都已无法改变。这就是青春！这就是爱情！

如果纳兰明珠知道儿子的所作所为，应会立即惊出一身冷汗。毕竟，那是一场华丽的冒险，少年一往情深的代价很有可能是叶赫那拉家族前程尽毁。

为爱险些牺牲家族，真的值得吗？对于至情至性的人来说，自是值得。

此生，他会遇到许多女子，却再也不会遇到第二个她。那个热爱夕阳的她，那个策马扬鞭的她，那个天真烂漫的她，那个独一无二的她。

她，是他全部的青春。

清代无名氏《赁庑笔记》记载："纳兰眷一女，绝色也，有婚姻之约。旋此女入宫，顿成陌路。容若愁思郁结，誓必一见，了此夙因。会遭国丧，喇嘛每日应入宫唪经，容若贿通喇嘛,披袈娑,居然入宫,果得彼妹一见。而宫禁森严,竟不能通一语,怅然而出。"

正是因为这段文字,让后人知晓了表妹的存在,这个没有在史书上留下姓名的女子,却留下了爱情。百年之后,当人们谈起纳兰成德的爱情时,总会提起那段青涩美好的初恋。

他虽无法改变世界,却也可以用自己的方式,背叛一切去爱她,去寻她。不问对错,不问结果。

少年人,你可曾为谁奋不顾身?可曾爱得轰轰烈烈?那烟火一般的爱情,短暂而又美丽,依旧让人痴迷。

## [4] 而今才道当时错

暮春时节,不知落下几场雨,竟将明珠府的梨花都打落了,苍天不堪怜,东风满人间,一地落花一地愁,几寸相思几寸忧。

但愿,这是最后一场春雨。

纳兰成德推开窗,望见枝头竟还有一朵梨花迎风而立,任凭疾风骤雨,仍不动不摇,颇有几分梅花的傲骨。

树下,闪过一个女子的身影,对着满地的落花,低声叹息。

恍惚间,纳兰成德竟将那女子错认成了表妹,疾步走过去才知,她只是府中的丫鬟。

他痴笑着摇摇头,终究还是忘不了她。

## 采桑子

而今才道当时错,心绪凄迷。红泪偷垂,满眼春风百事非。

情知此后来无计,强说欢期。一别如斯,落尽梨花月又西。

这首词写在一个落花时节,为那段初恋画上了句号。

"而今才道当时错",一个错字,道出了词人心中的悔。错在哪里?是错在不应相识,还是错在不应承诺?当年,陆游的一首《钗头凤》中连写了三个错:"东风恶,欢情薄,一怀愁绪,几年离索。错、错、错!"可惜,再多的"错"字,也挽回不了那场悲剧。成德自是明白这个道理,所以,他的词中没有写因何而错,只写了"心绪凄迷"四个字。

而今才道当时错,错了,终究是错了。

错在不应相识,错在不应相知,错在不应相思。

他本不该那么冲动地入宫见她,给了她希望,也给了她绝望。往后的日子,他是自由的飞鸟,她是囚笼的困兽,他们注定要渐行渐远,成为最熟悉的陌生人。

红泪,指女子的眼泪。《拾遗记·魏》载:"文帝所爱美人,姓薛名灵芸,常山人也……灵芸闻别父母,歔欷累日,泪下沾衣。至升车就路之时,以玉唾壶承泪,壶则红色。既发常山,及至京师,壶中泪凝如血矣。"

**魏**文帝曹丕爱慕美女薛灵芸,欲娶之,临别时,灵芸伤心欲绝,泪洒衣衫。登车上路之后,灵芸仍泪流不止,泪水落在玉唾壶中,将壶染红,待车队至京城时,壶中的泪已凝如血。

天下女子,有几人是心甘情愿入宫的!古有灵芸垂红泪,今是何人泪偷垂?那皇宫之中,葬送了多少女子的青春年华?流尽了多少佳人的相思血泪?那无数个凄冷的夜晚,可有人拭去她脸上的泪痕?

如今,春风又绿京师,满眼皆是繁华,可惜物是人非,再也回不到从前。世间最悲伤的事情莫过于,那些陪你哭、陪你笑、陪你看尽江山好风采的人,终不见了。满眼春风百事非,再看回廊处,已无佳人的身影。

"情知此后来无计,强说欢期",那年,临别之时,他们明知此后无法相见,还是强说相见之日。

"还会再见吗?"

"一定会再见。"

多么苍白无力的承诺!后来,他们相见了,深宫之中,远远相望,玉钗叩阑。

一别经年,梨花落尽,明月又西。那年春,梨花似雪,明月如霜,天地之间一片凄凉冷艳,明明是暖春时节,词中却透着一股彻骨的寒。

全词先写情,后写景,更有物是人非之感。那孤独的青春岁月,他看遍了花开花落,终等不来相思之人。

而今才道当时错,一切都是错。他懊悔,他愧疚,他无能为力……

次日,他再次推开窗户,只见微风拂过,那最后一朵梨花如羽毛般飘然而落,坠入尘埃之中。

如果梨花也有知觉,那应是粉身碎骨的痛。

无论是人,还是花,终是留不住。

如果,初见之时,没有惊鸿一瞥,那故事的结局会不会改变?纳兰成德一直在想,若他未曾给过表妹希望,她是否会经历绝望?答案一定是:不会。

《妙色王求法偈》中有这样一段话:"一切恩爱会,无常难得久,生世多畏惧,命危于晨露。由爱故生忧,由爱故生怖,若离于爱者,无忧亦无怖。"

一切因果,因爱而生。或许,是时候放手了,人生路漫漫,谁也不该永远活在过去,何必执着,何苦执着,百年之后,皆是尘土。

此生已是无缘,若爱,来世吧!

表妹的身份,至今仍然是一个谜。

康熙帝的妃子共有三位那拉氏。第一位是惠妃,叶赫东城贝勒金台石之子索尔和之女,明珠为金台石之孙,惠妃年纪虽小,辈分却高,是纳兰成德的姑姑。另一位是贵人那拉氏,其父那丹珠是金台石的五世孙,按辈分算,也不是成德的表妹。还有一位通嫔那拉氏,是监生常保素之女,也不是成德的表妹。

那么，康熙帝的后妃之中为何没有她？或许，她入宫后，还没有承恩，便香消玉殒。只有亡者，才不会留下姓名。

纳兰成德曾写过一首《昭君怨》。

### 昭君怨

深禁好春谁惜，薄暮瑶阶伫立。别院管弦声，不分明。

又是梨花欲谢，绣被春寒今夜。寂寂锁朱门，梦承恩。

大意是：深宫的春色何人珍惜？日暮时分，女子独自站在石阶上，久久伫立。别院忽然传来悠扬的管弦声，隐隐约约，时近时远，不甚分明。又到了梨花飘落的季节，那绣花被却传来丝丝寒意。寂静宫门紧紧锁住，一片凄凉，那一夜，她梦到了君王的宠幸。

这是一首宫怨词，词牌名为《昭君怨》，昭君出塞，一生困于异国他乡，最后，独留青冢向黄沙。纳兰成德选择这样的词牌，本就另有深意。紫禁城中宫人千千万，唯有一人，值得他牵肠挂肚。

全词描写一个深宫女子的寂寞困苦，用词极为含蓄，若词中之人真的是那位入宫的表妹，那么，根据词意可以推测表妹在宫中并未得宠，甚至还有一种可能，她从未侍寝。

承恩，这是每个宫人梦寐以求的事情。通过"寂寂锁朱门，梦承恩"一句可知，宫中寂寥，她并未承恩。

他时常会从长辈们的口中听到一些关于她的事情，在那个暗潮汹涌的地方，她过得并不好。她生性纯善，如何能抵挡得住阴谋诡计。八旗贵族恨不得把家中的女子都送进皇宫，每个女子身后都是一个家族，那座紫禁城早已成了角斗场。

此时，纳兰成德的心是矛盾的，他既希望她承恩，又不愿她承恩。若承恩，她便可一世无忧，可他将永远失去她。若不承恩，她将成为家族的一颗弃子，被遗忘在深宫中。

他太了解叶赫那拉家族，这个家族流淌着一种名为"残忍"的鲜血，为了利益，他们可以牺牲任何一个女子。历史何其相似！从叶赫老女到表妹，爱新觉罗氏毁了多少叶赫家族的女子。

纳兰成德在写词时，斟酌许久，才用了一个"梦"字。

这场梦，是美梦，还是噩梦？

他不懂，她却明明白白。

如果宫斗是一场惨烈的战争，还未开战，她便已经输了。一颗真心已经给了纳兰成德，怎会容下其他人，哪怕那个人是帝王。她不争不抢，不是争不过，抢不过，而是她根本就不愿去争。她的确梦到过承恩，只是，醒来后，惊出一身冷汗。从此，她决定低调地活着，如春雨过后的梨花，花开花落，默默无声，任凭岁月埋葬了青春，任凭时光留下了痕迹。

一个没有侍寝的女子，便也不会有封号，更不会在史书典籍中留下名字。表妹的结局究竟是怎样？也许，她会同许多宫人一样，红颜早逝，或是独自老去。

她从来不奢求别人记得自己，只愿被人遗忘。

只要，他记得，便好。

卷三　衣不染尘年少时

## [1] 君子之交淡如水

国子监,隋朝以后的中央官学,又称国子学或国子寺。北京国子监始建于元朝大德十年(1306),元、明、清三代的最高学府。纳兰成德十七岁入国子监,他强迫自己从过往的悲伤中走出,一心求学,心如静水。

国子监内有十只刻有文字的石鼓,以大篆刻成,每个石鼓上都刻有"石鼓文",内容多为渔猎之事。经过历代风霜,满是沧桑感、古朴感。时光轮转,朝代更迭,物是人非,一切都变了,唯有石鼓依旧立在这里,见证了千年的风风雨雨、斗转星移。

闲暇时,纳兰成德总会站在石鼓前,若有所思地观察着它们。不知看了多久,他终于拿出纸笔,写下这篇《石鼓记》。

### 石鼓记

予每过成均,徘徊石鼓间,辄悚然起敬曰:此三代法物之仅存者。远方儒生,或未多见,身在辇毂,时时摩挲其下,岂非至幸？惜其至唐始显，而遂致疑议之纷纷也。《元和志》云："石鼓在凤翔府天兴县南二十里，其数盈十，盖纪周宣王田岐阳之事。而字用大篆，则史籀之所为作也。"自贞观中苏勖始志其事，而虞永兴、褚河南、欧阳率更、李嗣真、张怀瓘、韦苏州、韩昌黎诸公，并称其古妙无异议者。迨欧阳文忠则疑自周宣至宋垂二千年，理难独存。夫岣嵝之字，岳麓之碑，年代更远，尚在人间，此不足疑一也。程大昌则疑为成王之物，因《左传》"成有岐阳之蒐"，而宣王未必远狩丰西。今蒐岐遗鼓既无经传明文，而帝王辙迹可西可东，此不足疑二也。至温彦威、马定国、刘仁本，皆疑为后周文帝所作，盖因史"大统十一年西狩岐阳"之语故尔。按古来能书如斯、冰、邕、瑗无不著名，岂有能书若此而不名乎？况其词尤非后周人口语。苏、李、虞、褚、欧阳近在唐初，亦不遽尔昧昧。此不足疑三也。至郑夹漈、王顺伯皆疑五季之后鼓亡其一，虽经补入，未知真伪。然向傅师早有跋云："数内第十鼓不类。访之民间，得一鼓，字半缺者，校验甚真，乃易置以足其数。"此不足疑四也。郑复疑靖康之变，未知何在；王复疑世传北去，弃之济河。尝考虞伯生尝有记云："金人徙鼓而北，藏于王宣抚宅，迨集言于时宰，乃得移至国学。"此不足疑五也。予是以断然从《元和志》之说，而并以幸其俱存无伪焉。尝叹三代文字，经秦火后至数千百年，虽尊彝鼎敦之器出于山岩屋壁陇亩墟墓之间，苟有款识文字，学者尚当宝惜而稽考之，况石鼓为帝王之文，列胶庠之内，岂仅如一器一物供耳目奇异之玩者哉？谨记其由来，以告夫世人之嗜古者。

文中提到历朝历代的名人观点、民间传言、实物遗存等，从各种角度理性地论证推测，只为得到一个答案：石鼓从何处来？

这样严谨的纳兰成德，实在让人有些陌生。十七岁，本是春风得意、指点江山的年纪，别家公子游山玩水的时候，他却静静地站在石鼓前，钻研那些复杂的文字。什么样的人会有这样的耐心？怕是只有纳兰成德那般寂寞的人。他是真的寂寞，才会在无数的日日夜夜对着几块石头，书写千百年的沧海桑田。

康熙帝曾写过《石鼓赞并序》，序中言："朕释奠先师于国学，观石鼓于庙门之两庑，缅怀周宣，迄今二千余年，而中兴之烈，岐阳之蒐，俯仰如昨。鲁壁汲冢，缺有间矣。此文此石，独涣然与日月争光，是三代法物之仅存者也。今列在太学，实斯文之盛，尝寻绎拓本，推详其遗义，有会于心焉，乃为赞曰：猗欤周宣，缵绪文武。"文中引用了纳兰成德《石鼓记》中的"三代法物之仅存者"，由此可见，康熙帝对成德的考据十分认可。

国子监里还有一位与成德相似的人，他叫张纯修，字子敏，号见阳，生于顺治四年（1647），年长成德几岁，擅长书法、绘画，最爱临摹古画，善刻印。

二人相遇之时，纳兰成德正目不转睛地盯着石鼓，他是满人，研究起汉人留下的器物，实在有些吃力。这时，张纯修来到他的身旁，看了看石鼓，又看了看成德，笑道："少爷，再看下去，这里怕是要多出一个石鼓了！"

成德微微怔住。"什么？为何会多？"

张纯修缓缓打开手中的折扇，轻笑道："那多出的石鼓便是少爷啊！"

成德这才反应过来他是在取笑自己，起身之时，发觉双脚隐隐酸麻，他笑了笑。"兄台说得不错，再看下去，我怕是要化作那庙里的石像了！"

就这样你一言我一语，二人谈古论今，品茗吟诗，不知不觉已到黄昏。

张纯修的身份远远不及纳兰成德，他隶满洲正白旗，为内务府包衣，包衣在满语中被称为"包衣阿哈"，就是家奴的意思。由此可见，包衣的出身相当卑微，并要服务于皇亲国戚。贵族结交布衣，实在是稀奇的事情，在君子口中，这叫"知己"，在小人口中，这叫"攀附"。二人结交之后，京中总是流传一些闲言碎语，不过，那些话并不能挑拨二人的友谊。

后来，他们结为异姓兄弟，相约一起考取功名，扬名天下。君子之交淡如水，不论身份，只论品行，那寂寞的年华中，纳兰成德的人生终于有了一丝温暖。

康熙十四年（1675）秋，两个相交多年的友人一同骑马踏青，无边秋色，无边清凉。

他说:"我曾和一个人来过这里。"

张纯修笑道:"是女子吧。"

那时已取字容若的他笑而不语,笑容那般哀伤。的确是女子,一个不能被提起姓名的女子,他们的故事已经成为过去,只是偶尔想起,还会觉得怅然。长情之人终是放不下。

此时的纳兰容若终于明白,人生悲伤之事并不是分离,而是分离过后,还能想起曾经的点滴。回忆就像是刻在石鼓上的篆字,无论如何,都无法抹去。有些人云淡风轻地说着"都过去了",大都是自欺欺人,有些事情永远过不去,人们不愿提起伤心的过往,便假装忘记。可是,焉能忘记!

### 风流子·秋郊即事

平原草枯矣,重阳后、黄叶树骚骚。记玉勒青丝,落花时节,曾逢拾翠,忽听吹箫。今来是、烧痕残碧尽,霜影乱红凋。秋水映空,寒烟如织,皂雕飞处,天惨云高。

人生须行乐,君知否?容易两鬓萧萧。自与东君作别,划地无聊。算功名何许,此身博得,短衣射虎,沽酒西郊。便向夕阳影里,倚马挥毫。

秋日出游,所见之景注定凄凉。重阳过后,平原上满是枯草,西风吹过,黄叶凋零,纷纷而落。望见此景,词人不禁想起春日踏青的情景,落花时节,何等意气风发。

拾翠,拾取翠鸟羽毛做首饰,后指女子踏青。那时候,陌上花开，佳人在侧，箫声悠扬，满眼皆是繁华。如今故地重游，秋水映长空，苍穹之下，飞雕翱翔，天惨云高，一片萧瑟。

下阕第一句便是容若的感叹："人生须行乐，君知否？"

人生苦短，须及时行乐，君可明白？

这般简单的道理，他们自是清楚，只是人有七情六欲，谁又能做到一世欢喜，无忧无恼呢？有人追求名利，有人渴望金钱，有人痴迷权力，凡有所求，必有所忧。最后，总是"两鬓萧萧"。

如今想来，功名利禄又算什么？皆是浮云罢了！倒不如短衣射虎，沽酒西郊，倚马挥毫。

射虎，用了汉代名将李广的典故。《史记·李将军列传》："广所居郡，闻有虎，尝自射之。及居右北平，射虎，虎腾伤广，广亦竟射杀之。"

容若心中应是住着一位侠客，策马江山，快意恩仇，沽酒为伴，但他又注定成不了一个侠客。

正如此时，他明知人生须行乐，却又感叹物是人非。

他终是孤独。

好在，身边还有好友相伴。

张纯修，一个知他懂他的好友。

康熙十八年（1679）秋，张纯修离京赴任江华县，临走前，纳兰容若作词送别。

### 菊花新·用韵送张见阳令江华

愁绝行人天易暮,行向鹧鸪声里住。渺渺洞庭波,木叶下,楚天何处。

折残杨柳应无数,趁离亭、笛声吹度。有几个征鸿,相伴也,送君南去。

一个"愁"字,便是这首词全部的情感。故友相别,怎能不愁?前路漫漫,怎能不忧?

日暮黄昏,夕阳下,两人依依难舍。

"鹧鸪声里"指的是张纯修将要去的江华之地(在湖南省西南部,今为瑶族自治县)。张纯修祖籍河北丰润,出生于奉天辽阳,南北生活本就有差异,此次张纯修去南方任职,成德免不了为好友担忧。

此一别,路途遥遥,渺渺千里,不知何年何月才能相见。

"折残杨柳应无数",成德效仿汉人的传统,折柳送别,他将细细的柳枝递到张纯修手中,却仍道不出一句"保重"。

长亭外,笛声阵阵,吹落多少离人泪。

纳兰容若低声道:"兄长,送君千里终须一别,愿鸿雁相伴,伴君同行。"

天边,传来大雁的鸣叫声,两个人同时抬起头,望着远方的归雁,心中千般惆怅。

又想起初见之时,国子监,书香漫漫,两个白衣少年立于石鼓之旁，一见如故，相谈甚欢。相识于康熙十年（1671），相别于康熙十八年（1679），整整八年的时光，太匆匆，两个人相知相识，情同手足，一起走过那些失意的日子，幸好世俗没有改变他们，他们仍旧是少年模样。

人这一生最难守住一颗初心，若守住了，便能立身于风雨之中，处变不惊。他们二人皆做到了，此后，张纯修勤政爱民，从小小县令升到了庐州知府。

纳兰容若写下一封封手札。

正因数日不见，怀想甚切，不道驾在津门也。海上风烟，想大可观。有所作，归来即望示我。来笺甚佳，乞惠我少许。尊使还，草此奉覆，不尽，不尽。十月五日，成德顿首。

久未晤面，怀想甚切也，想已返辔津门矣。奚汇升可令其于一二日过弟处。感甚，感甚！海色烟波，宁无新作，并望教我。十月十八日，成德顿首。

两日体中已大安否。弟于昨日忽患头痛，喉肿，今日略差，尚未痊愈也。道兄体中大好，或于一二日内过荒斋一谈，何如，何如？特此，不一。来中顿首，更有一要语，为老师事，欲商酌，又拜。

三百年前的书信，如此简短，如此深情。跨过千山万水，寄到一人手中，锦书虽薄，情比千金。

而张纯修，也将一部分书画转赠给纳兰容若，并为他绘

《风兰图》。

纳兰容若收到画后,提笔写下《点绛唇·咏风兰》。

### 点绛唇·咏风兰

别样幽芬,更无浓艳催开处。凌波欲去,且为东风住。

忒煞萧疏,争奈秋如许。还留取,冷香半缕,第一湘江雨。

风兰散发着别样的幽香,不寻常的香,独一无二的画,素雅清淡,没有一丝浓艳。那兰花在东风中摇曳,如凌波仙子踏云而舞,飘飘欲飞。花叶如此稀疏,怎能经受得住萧萧清秋?唯有留取半缕冷香入画,此画堪称画中第一。

风兰乃是一种寄生兰,花为白色,高洁清雅。张纯修赠成德《风兰图》,应是希望成德如画中风兰一般,美好如初,不染尘埃。

一画一词,流传百年,公子如兰,君子如玉。即使相隔千里,他们也还牵挂着对方,温暖着彼此的岁月。

《清诰授中宪大夫江南庐州府知府加五级见阳张公墓志铭》中有:"君以佳公子,束发嗜学,博览坟典。为诗卓荦有奇气,旁及书法绘事,往往追踪古人。与长白成公容若称布衣交,相与切劘风雅,驰骋翰墨之场,其视簪绂之荣,泊如也。"

所谓知己,大概就是他的生活永远都有友人的痕迹,朝朝暮暮，点点滴滴，尽是难以割舍的情谊。纳兰容若英年早逝，在没有容若的日子里，张纯修依旧视他为唯一知己。

## 【2】赋词一阕咏白梅

最好的年华，应是风花雪月一段情，又或是不负韶华一场梦。

康熙十年（1671），词坛发生一件盛事，词人周在浚下榻京城孙承泽的别墅秋水轩，一时引得名公贤士来访，众人相聚于此，饮酒赋诗，以此为乐。无数来访者中有一位柳州词派盟主曹尔堪，一日，曹尔堪漫步之时，偶然间看见墙壁上写有不少酬唱之诗，云霞蒸蔚，便赋词一首《贺新凉》。

《贺新凉》，又名《金缕曲》，最初是宋代词人苏轼为官妓秀兰而作。词中有"悄无人、桐阴转午，晚凉新浴"句，故名。

原本只是一件小事，却想不到秋水轩的名流们颇有兴致，纷纷填写一首《贺新凉》，与前人唱和。既是和词，便要有规则，如何唱和？如何押韵？于是，名士们定了"步韵"。步韵，又称"次韵"，不仅要使用被和词的韵，还必须用被和词韵脚上的字，并且韵字的先后次序都要和被和词一样，是和词中难度最大的一种。秋水轩唱和词押"剪"韵，韵字分别是：卷、谴、泫、茧、浅、展、显、扁、犬、免、典、剪。

秋水轩唱和共有二十六位词人参加，词人身份复杂，有的是朝中新贵，有的是词坛名流，有的是世外贤者，他们所作之词或明志或缘情或叹世，每一首唱和词的背后都藏着一个不甘平淡的灵魂。龚鼎孳、纪映钟、徐倬等词坛大家加入唱和，后来，参与唱和的人遍及全国，海内文人皆以《贺新凉》为词牌，一展才学，写词寄送到京城。

这种文人之间的快乐，纳兰明珠是无论如何都不会明白的。此时，明珠官任兵部尚书，朝廷与三藩之间的矛盾日益尖锐，朝中之事已让明珠焦头烂额，醉心功名的他正忙着揣测圣意，苦思如何坐上一人之下万人之上的位子，自是不会关心什么唱和。

明珠府，纳兰成德早就听闻秋水轩唱和，此时，他手中正握着曹尔堪的那首《贺新凉》。

### 贺新凉

淡墨云舒卷。旅怀孤、郁蒸三伏，剧难消遣。秋水轩前看暴涨，晓露着花犹泫。贪美睡、红蚕藏茧。道是分明湖上景，苇烟青、又似耶溪浅。留度暑、簟纹展。

萧闲不美人通显。笑名根、膏肓深病，术穷淳扁。衮衮庙牺谁识破？回忆东门黄犬。沧海阔，吾其知免。埋照刘伶扬酒德，倒松醪、好把春衣典。词赋客，烛频剪。

成德虽身在权贵之家，却也知晓文坛之事。曹尔堪，字子顾,号顾庵,工诗善词,此人曾发起过两次规模较大的唱和,两次皆在康熙四年(1665),一次是杭州的江村唱和,一次是扬州的红桥唱和。可叹的是,曹尔堪仕途坎坷,顺治九年(1652)进士,因"族子逋赋,累夺级,南归",康熙帝平鳌拜后,许多狱事开始平反,蒙受冤屈的臣子也陆陆续续官复原职,唯有曹尔堪辩白无果,复职失败,满腔苦闷,只能通过秋水轩唱和抒发心中愁苦。

那夜,成德又品读了其他名家的词,才知世间竟有那么多人漂泊无依,前途渺茫。徐倬的"仰首浮云看变态,多少白衣苍犬",陈维岳的"点点丝丝清泪落,沾湿罗衣偏泫",王豸来的"最难堪,因时炎冷,随人圆扁",龚鼎孳的"随旅燕、栖巢如茧"。

成德与他们素未谋面,却仰慕已久。谁叹一蓑烟雨任平生,谁盼繁华落尽愿君安,苍穹下,无数文人赋词悲叹,不必相识,不必相遇,只求一世清欢。

月华如水,倾泻而下,几株梅花绽放在枝头,暗香浮动,恍若回到从前。

他记得,曾有人对他说:"江南无所有,聊赠一枝春。"

说这句话的人终是不在了。

他伫立在窗前,清眸忧伤地望着几株梅花,提笔写下这首《贺新凉》。

## 贺新凉

疏影临书卷。带霜华、高高下下,粉脂都遣。别是幽情嫌妩媚,红烛啼痕休泫。趁皓月、光浮冰茧。恰与花神供写照,任泼来、淡墨无深浅。持素障,夜中展。

残红掩过看逾显。相对处、芙蓉玉绽,鹤翎银扇。但得白衣时慰藉,一任浮云苍犬。尘土隔、软红偷免。帘幕西风人不寐,恁清光、肯惜鹍裘典。休便把,落英剪。

词中所咏正是梅花,月夜梅花,将梅拟人,更显成德不坠俗世之风骨。

正是鲜衣怒马的年岁,他的人生除了诗书、骑射,还有清风、明月。静谧的夜是词人的天堂,当万物陷入沉睡,唯有词人分外清醒,抬手可摘星辰,提笔可写月光。

成德笔下的梅清冷却不孤傲,妩媚却不浓艳,像她,又像自己,他们本就是一样的人啊!

梅影疏朗落在书卷上,带着霜华,高高低低,不见一丝粉红。月下梅花别有一番幽情和妩媚,故不需红烛滴泪照明。

冰茧,蚕茧纸,洁白轻薄,王羲之书《兰亭序》即用此纸。此处用来比喻明月之下,梅花洁白如蚕茧纸。恰好梅花之形与其神相照应,好似不经意之间画出的泼墨画,这幅画像是夜间展开的障子。

若将烛火熄灭,那梅影便更是动人,处处银白花瓣,如芙蓉,如鹤羽。

杜甫《可叹》:"天上浮云如白衣,斯须改变如苍狗。"此处,成德先写"但得白衣时慰藉,一任浮云苍犬",后写"尘土隔、软红偷免",应是表达一种远离世俗的心境。纵然世事无常,他的心永隔尘世之外。

秋水轩唱和之词多悲伤愁怨,成德这首《贺新凉》,虽没有悲伤之语,却藏着隐痛。他何尝不是那月夜下的梅花,独自绽放,寂寞凄凉,一颗心早已远离人烟。白日里,他是天之骄子,别人敬他、畏他,只因他是纳兰明珠的长子,而他,也要为了家族的荣耀,严于律己,不,不仅仅是严格,甚至有些苛刻。总之,他的十七岁,太过于枯燥。或许,只有在安静的夜里,他才能做回真正的自己,那个翩翩少年,那朵皓月下的白梅。

梅花似雪,公子如故。

## [3] 万般景语皆情语

很长一段时间,少年冬郎并不懂情为何物。

不过,少年人的书房中总少不了关于男女情爱的文集。冬郎就有这样一本诗词集,名为《疑雨集》,书中满是艳丽的诗句,缠绵的情感。只有在无人之时,他才敢捧着这本书,细细品读那些诗句:"如何月照金堂夜,只有梅花伴莫愁""水国不生红豆子,赠卿何物助相思""由来地下悲秋况,还与人间共寂寥"，这些深情绵邈的诗句感动着冬郎，也影响着冬郎。

《疑雨集》的作者是明朝末年的词人王次回，名彦泓，江苏金坛人。王次回祖上曾是名门望族，出身显赫，王臬、王樵、王肯堂祖孙三代皆是进士，仕途平坦，青云直上。到了王次回这一代，家族忽生变故，因其父王懋锟刚直不阿，惹怒权贵，惨遭陷害，最终家道中落，百年荣耀尽毁。

他的人生从云端跌入谷底，从此一蹶不振。命运丝毫没有怜悯这个潦倒的文人，三十六岁那年，他经历了丧妻之痛，至四十一岁还未中举。崇祯年间，以岁贡官松江府华亭县训导，无品无级，仅是县学教官。此时，他已百病缠身，对腐朽的朝堂积怨甚久，活着对他来说只是一种折磨。没过几年，王次回便卒于任上，享年五十岁。

有的文人，一生都在用血与泪写文，王次回便是如此。回首满是风霜的人生路，他以情诗化解沉痛，以艳词寄托希望，一首首深情的诗句，是他留给这个世界最后的绝响。

贺裳在《皱水轩词筌》说："王次回名彦泓，后为云间学博，余从母孙也。喜作艳诗而工，凡数百首，见者沁人肝脾，其里习俗为之一变。几于小元白云。"其诗词颇有感染力，到了康熙年间，陈维崧曾评王次回"以香奁艳体盛传吴下"，严绳孙为《疑雨集》初刻本序中写："今《疑雨集》之名籍甚，江左少年传写，家藏一帙，溉其余沈，便欲名家。"到了民国时期，冰心曾在《两栖动物》中提到一个故事，她的表兄就曾抄写王次回的诗作为给某表姐的情书，虽并未得到她的青睐，但冰心依然认为是"很好的诗"。后来,日本作家永井荷风在《初砚》中说:"我文坛之好西洋艺术者,恒以为中国之诗非炫耀清寂枯淡,即夸示豪壮磊落之气概,几无道出人心深处之隐秘弱点者。此或然也。然试繙王次回之《疑雨集》,全集四卷,悉皆情痴、悔恨、追忆、憔悴、忧伤之文字。其形式之端丽,辞句之幽婉,又其感情之病态,往往让人联想起波德莱尔之诗。"

古往今来,多情儿女总爱读情诗,谁不曾幻想过风花雪月。就连沈从文也在自传中承认,年少时曾模仿《疑雨集》作艳诗。更有鸳鸯蝴蝶派作家陈蝶仙将自己的诗集命名为《新疑雨集》。风靡一时的《疑雨集》到了今日,却被世人渐渐遗忘,极少被人提起,着实有些遗憾。

明珠府,冬郎又一次翻开诗词集,那小心翼翼的动作像极了偷看《西厢记》的宝玉。在当时的文坛,那些所谓代表主流观念的正人君子依旧摒弃此书,理由大概就是:辞藻艳丽,坏人心术。不过,他们并不知道,这些深情、追思、惆怅、香艳的文字,恰恰牵动了年轻人的心。

少年冬郎常因诗词集中的某句诗文而忧思难忘,时常以为自己便是诗人的今生,诗人便是自己的前世,某些经历,某些情感,何其相似!这就是诗人与读者之间的共鸣。

纳兰词对王次回诗句的套用、化用有几十处之多,且能做到情感相融,既有王次回之风骨,又有纳兰之灵性。因为热爱,从此,他的词中有了那个人的痕迹。

"白衣裳凭朱阑立，凉月趖西。点鬓霜微，岁晏知君归不归"化用《疑雨集》"从来国色玉光寒，昼视常疑月下看。况复此宵兼雪月，白衣裳凭赤阑干"。

"欲眠还展旧时书。鸳鸯小字，犹记手生疏"化用《疑雨集》"戏仿曹娥把笔初，描花手法未生疏。沉吟欲作鸳鸯字，羞被郎窥不肯书"。

"尽教残福折书生"化用《疑雨集》"相对只消香共茗，半宵残福折书生"。

"不辨花丛那辨香"化用《疑雨集》"不辨花丛却辨香"。

翻过一卷卷旧书，那些爱恨情仇从未改变，留多少执念在人间。读过《疑雨集》，冬郎心中便有了爱，多年以后，他为爱生忧，方知爱难求，情难圆。

还有一个人，也是冬郎的灵魂之师，此人便是南唐后主李煜。

梁启超评纳兰词："容若小词，直追李主。"

周稚圭也说："纳兰容若，南唐李重光后身也。"

一个亡国落魄的君王，一个风华正茂的公子，隔着数百年的沧桑历史，词风竟如同一人。

李煜，初名从嘉，字重光，南唐最后一位国君，生于七夕，亡于七夕。他并不是贤能君主，却是绝世词人，他的词影响了一代又一代的文人，千古词帝，一人而已。

**相见欢**

无言独上西楼,月如钩。寂寞梧桐深院锁清秋。

剪不断,理还乱,是离愁。别是一般滋味在心头。

这是少年冬郎读的一首词,关于"离愁"。每每放下书,总会思考一个问题:何为离愁?

少时,听闻族中亲人过世,他会悲恸哭泣,此番是离愁。后来,幼年玩伴举家南迁,此番亦是离愁。可是,这种离愁会随着时间的流逝,慢慢淡忘,小小年纪的冬郎,又能记得多少离愁?那些剪不断理还乱的愁绪,需要年龄的沉淀、感情的积累。

冬郎并不知未来会遇见什么人,会经历什么变故,他只是黯然地想着:如果,自己是李煜……

如果,他是李煜,他该如何挽救走向灭亡的国?如何守护薄命红颜?

那时的冬郎对人生充满了希望,他想,他总能守住,只要他想。

## [4]君子不负勿欺心

《清史稿》中记载:"定制,由科甲及恩、拔、副、岁、优贡生、荫生出身者为正途,余为异途。"读书之人都有一条必经之路，那就是科举，此乃正途。清兵入关之初，八旗子弟对汉文化掌握十分生疏，甚至语言交流都有障碍。满人有自己的语言文字，属阿尔泰语系通古斯语族满语支，清太祖努尔哈赤命额尔德尼和噶盖二人参照蒙古文字母创制满文，俗称老满文。清朝初期，满人与汉人文化差异太大，若要同场考试，几乎是不可能的事情。于是，顺治年间，采取满汉分场考试、分榜录取，出现所谓的"满榜""汉榜"，又因旗人应试之人甚少，于顺治十四年（1657）中止。直到康熙二年（1663），才开始恢复，到了康熙八年（1669），清政府便要求旗人与汉人同试汉文。之后，由于战争、政治等因素，八旗子弟的考试断断停停，康熙二十六年（1687）才恢复正常。

大清统治者以科举笼络汉族文人，并不主张旗人参加科举，旗人尚武，若因文试而荒废骑射，如同丧失民族灵魂。所以，统治者为旗人开辟了许多捷径，譬如世袭、举荐、捐纳，又或是像纳兰明珠那般，从侍卫升迁为内务府郎中，之后是弘文院学士，开始参与国政。总之，旗人可以不费吹灰之力得到权力，而汉人却要经历层层选拔。

纳兰成德不同于那些吃喝玩乐的贵族公子，他自幼研习汉文化，受儒家文化熏陶，一直渴望如汉人那般走入考场，奋志青云。他想知道，若不依靠家族，凭着自己的才学，未来之路到底能走多远。

康熙十一年（1672）夏末，蝉鸣已停，清风微凉，十八岁的成德参加顺天乡试，中举，同榜之人还有曹寅、韩菼、王鸿绪、徐倬。韩菼于康熙十一年（1672）入国子监做监生，与成德乃是故交。曹寅是《红楼梦》作者曹雪芹的祖父，此人日后也将成为成德的至交。

古时，科举考试发榜的第二日，主考官们会将所有考中的考生集聚在一起，举办谢师宴，亦为"鹿鸣宴"，取意于"呦呦鹿鸣，食野之苹"。举子之间的交流会，从唐代一直延续到清朝。赴宴之人各怀心思，有人为拉拢人心而来，有人为前途功名而来，有人为结交同道而来，这注定是一场不简单的宴会。

这次宴会，成德最大的收获便是遇见了文坛大儒徐乾学，此人是乡试主考官之一，又是国子监祭酒徐元文的兄长。成德十七岁入国子监，颇受徐元文赏识，短短一年的时间，便考中举人，天纵之才，令人欣慰。

宴席上，徐元文迫切地将成德引荐给徐乾学："这位是明珠府的成德公子，这位是顺天乡试主考官徐座主。"

徐乾学，字原一、幼慧，号健庵、玉峰先生，清初大儒顾炎武的外甥，与弟元文、秉义都是进士，号称"昆山三徐"，因三兄弟都以一甲登第，亦称"同胞三鼎甲"。

其实，早在发榜之日，成德和中举考生便一同去拜见过徐乾学，久闻盛名，初见便觉如沐春风。今日鹿鸣宴又聚，听到师长的谆谆教导，深深关怀，令他心生敬仰。于是，怀着这份激动的心情，成德写下一封书信《上座主徐健庵先生书》。

## 上座主徐健庵先生书

某以诠才末学,年未弱冠,出应科举之试,不意获受知于钜公大人,厕名贤书。榜发之日,随诸生后端拜堂下,仰瞻风采,心神肃然。既而屡赐延接,引之函丈之侧,温温乎其貌,谆谆乎其训词,又如日坐春风,令人神怿。由是入而告于亲曰:"吾幸得师矣!"出而告于友曰:"吾幸得师矣!"即梦寐之间,欣欣私喜曰:"吾真得师矣!"夫师岂易言哉!

夫师岂易言哉!古人重在三之谊,并之于君亲。言亲生之,师成之,君用而行之,其恩义一夜。然某窃谓师道至今日亦稍杂矣。古之患,患人不知有师;今之患,患人知有师而究不知有师。夫师者,以学术为吾师也,以文章为吾师也,以道德为吾师也。今之人谬曰:师耳,师耳。于塾则有师,于郡县长吏则有师,于乡试之举主则有师,于省试之举主则有师,甚而权势禄位之所在则亦有师。进而问所谓学术也、文章也、道德也,弟子固不以是求之师,师亦不以是求之弟子。然则师之为师,将谨谨在奉羔、贽雁、纳履、执杖之文也哉!

洙泗以上无论矣。唐必有昌黎,而后李翱、皇甫湜辈肯事之为师。宋必有程、朱,而后杨时、游酢、黄幹辈肯事之为师。夫学术、文章、道德,罕有能兼之者,得其一已可以为师。今先生不止得其一也。文章不逊于昌黎,学术、道德必本于洛、闽,固兼举其三矣,而又为某乡试之举主,是为师之道无乎不备,而某能不沾沾自喜乎?

先生每进诸弟子于庭,示之以六经之微旨,润之以诸子百家之芬芳,且勉以立身行己之谊。一日,进诲某曰:"为臣贵有勿欺之忠。"某退而自思,以为少年新进,未有官守,勿欺在心,何裨于用,先生何乃以责某也?及退而读史,寇准年十九登第,时崇尚老成,罢遣年少者。或教之增年,准不肯,曰:"吾初进取,何敢欺君?"又晏殊童年召试,见试题,曰:"臣曾有作,乞别命题。"虽易构文,不敢欺君。然后知所谓勿欺者,随地可以自尽。先生固因某之少年新进而亲切诲之也,某即愚不肖,敢不厚自砥砺奋发,以庶几无负君子之教育哉!承示宋元诸家经解,俱时师所未见,某当晓夜穷研,以副明训。其余诸书,尚望次第以授,俾得卒业焉。

从信中"仰瞻风采,心神肃然"之句可以看出,成德对徐乾学的印象极佳,感到"如日坐春风,令人神怿"。

回家之后,成德便迫不及待地告诉父母:"我有幸得到了一个好老师。"出门又和朋友说:"我有幸得到了一个好老师。"就连晚上睡觉,梦中也无限欢喜:"我真的得到了一个好老师。"他像一个孩子,逢人便说:"吾幸得师矣。"如此质朴,如此真诚。

信中又写了他对师道的理解,"师岂易言哉",纳兰成德认为"师"不可随意称呼。君、亲、师,古人忠君、孝亲、尊师,于成德而言,师者与君主和家庭同等重要。父母给予他生命,师者塑造他的灵魂。师者,传道授业解惑者也,如此崇高的称呼,竟被今人滥用,以致人人皆可称"师",这是尊重还是轻视？私塾先生可以为师，郡县长吏可以为师，乡试考官可以为师，省试考官可以为师，拥有权势禄位之人可以为师，如此，早已没有古时的"师道"。成德提出传统的师生观："学术也、文章也、道德也"，有教学，才可称"师"。他认为徐乾学就是一位学术、文章、道德三者兼备的师者。

徐乾学的一句"为臣贵有勿欺之忠"让成德陷入沉思，他只是疑惑，自己刚中举人，无官无职，何谈"勿欺之忠"？他翻阅典籍，才了解到一则故事。宋代宰相寇准十九岁中进士，当时宋太宗选拔人才时常问人年龄，年纪尚小的人往往不用。有人建议寇准增报年龄，这样便可被皇帝重用，寇准却道："吾初进取，可欺君耶？"这句话的意思是：我才刚踏上进取的道路，怎么可以欺君？

成德又看到了晏殊的故事，神童晏殊参加科举，先是看了一遍题目，对皇帝坦言道："这些题，我已经做过了，请另换题目。"皇帝十分赞许他的诚实，破格升他为正事。

两个故事皆是"勿欺"，臣子之道在于忠诚，无论身处何地，官居何位，若有入仕之心，就必要做到"勿欺"二字。写这封信时，成德应该也想到了父亲，他最是了解父亲的为官之道，离"勿欺"相差甚远，父亲仅是忠，却未做到诚。朝堂之上，又有多少臣子怀着忠诚之心？未来的某一日，他也会走进乾清门，只愿守住一颗诚心，以善待人，勿欺勿骗，如赤子般纯真。

少年对未来充满希望，想到日后的会试、殿试，双眸便闪过星光，人生之路，本就该一步步踏出，如此，才不会留下遗憾。

## 【5】万春园里误春期

星辰陨落，仅是一夕之间。

古往今来，谁的仕途没有遇到荆棘，陷入荆棘之中，或受伤堕落，或砥砺前行。

康熙十二年（1673）二月，冬日的寒冷还未散尽，举子们就迎来了京城会试，成德不负师友的期望，顺利考中。好友韩菼也一同考中，且是会元。古代科举考试中，名列第一者称为"元"，乡试第一称解元，会试第一称会元，殿试第一称状元。

会试之后，便是殿试。殿试，又称御试、廷试，由皇帝亲自主持，不设考官，只设读卷官。清代殿试地点，原在天安门外，后在太和殿。

京师之中，多少学子为此挑灯夜读，辗转难眠，这是他们的最后一关，越过去，便得锦绣前途。夜里，成德捧着一本史书，却怎么也读不进去，想到不久之后的殿试，既期待又紧张，这场殿试对他来说至关紧要。

可惜，造化弄人。

临考前几日，他忽染寒疾。病来如山倒，一向羸弱的公子已是卧榻数日，无法起身，他虚弱地躺在床榻上，心中暗叹：终是无缘殿试！

下一个殿试，要等整整三年。

暖阁中，弥漫着浓重的中药气味，成德端着药碗，一饮而尽，将所有的苦涩咽下，没有皱一下眉头，此苦怎敌心中之苦。他的目光转向窗外，又是一年春，杨花柳絮飞入庭院，他算了算日子，今日，该发榜了。

殿试发榜用黄纸，故称金榜，今年的金榜上会题谁的名字？

门外传来脚步声，只见小厮缓缓推开门，低声道："韩元少高中状元。"（韩菼，字元少，别号慕庐。）

成德先是淡淡一笑，随后又是一阵沉默，眼中透着几分怅然，长叹一句："果真是他！"

此时，他的心情如此复杂，既为好友欢喜，又为自己遗憾。

殿试考时务策，韩菼在文中斥责"三藩"拥兵自重，提议撤藩，文辞犀利，句句直指要害，正合康熙帝之意。少年天子早有撤藩之意，只是朝中大臣各持己见，一直争论不休，此番钦点韩菼为状元，便是要告诉天下人，三藩必撤。

有时候，成德会想，如果自己没有生病，那么他该如何应对殿试考题？

他一定也会提议"撤藩"，因为，这是父亲挂怀于心的事情，书房中，父亲曾写下一封又一封奏折，一字一句皆关乎三藩，他早就知道这是皇帝的心腹大患，必要除之。

可叹，他没有机会将自己的撤藩之论呈给皇帝。

有些事情，努力过，争取过，哪怕最后失败了，也无所畏惧。可是，偏偏他连争取的机会都没有。上天给了他一双羽翼,又在他飞翔到最高处时,瞬间将羽翼折断。晴空万里,他却无处翱翔,只能栖息在庭院中,度日如年。

这一年,成德十九岁,将不甘、惋惜、愁怨写进诗中。

### 幸举礼闱以病未与廷试

晓榻茶烟揽鬓丝,万春园里误春期。
谁知江上题名日,虚拟兰成射策时。
紫陌无游非隔面,玉阶有梦镇愁眉。
漳滨强对新红杏,一夜东风感旧知。

那段时日,府中所有人都不忍打扰这个忧郁的少年,他整日独坐在书房中,要么读书习字,要么静坐发怔,像是被遗弃的孤儿,双眼满是无助的伤。

诗中的"万春园"是一个罕见典故,元代京师之中,海子旁边有一处地方叫作万春园,新科进士在登第之后,会相聚在此处。万春园里误春期,终是误了最好的时光。此时,好友们一定意气风发地指点江山,而他却只能与药相伴。

### 采桑子

桃花羞作无情死,感激东风。吹落娇红,飞入闲窗伴懊侬。
谁怜辛苦东阳瘦,也为春慵。不及芙蓉,一片幽情冷处浓。

桃花飘零,并非是无情地死去,所幸东风将花瓣吹入窗榇，陪伴他这个伤心人，共度残春。

东阳，指南朝梁文学家沈约，曾任东阳太守，故称东阳，沈约操劳过度，日渐消瘦，世人以"东阳瘦体"称之。成德用此典故，是指自己苦读多年，对待科举，如东阳般尽心竭力，只是一朝错过，便只能躺在床榻上，为春日而懊恼。

词的最后一句提到了"芙蓉"，芙蓉，又指芙蓉镜。段成式《酉阳杂俎续集》中言："相国李公下第游蜀，遇一老妪。言：郎君明年芙蓉镜下及第。明年，果然状头及第。"

桃花虽好，不及芙蓉，成德之愿，还是状元及第。

他寂寞地待在庭院中，从不与任何人倾诉，只是默默地承受着挫折。

这道心结如何解开？由谁解开？

这日，徐乾学派人送来一篮新鲜的樱桃，成德看到后，心生感动，叹道："先生真是用心良苦。"

从唐代起，新科进士发榜之时正是樱桃成熟的季节，便形成了以樱桃宴客的风俗，称为"樱桃宴"，直到明清，这种风俗还在延续，并且，樱桃是由皇帝赐下的。此番徐乾学送樱桃，便是将成德看作新科进士。

难为徐乾学一片苦心，将认可与信任都给了成德一人。

于是，成德以词答谢。

### 临江仙·谢饷樱桃

绿叶成阴春尽也，守宫偏护星星。留将颜色慰多情。分明千点泪，贮作玉壶冰。

独卧文园方病渴，强拈红豆酬卿。感卿珍重报流莺。惜花须自爱，休只为花疼。

这个悲伤的春日终于走到了尽头，杨花落尽，绿叶成荫，那一颗颗猩红的樱桃像是女子的守宫砂。那人送来樱桃，用这一片鲜红的颜色慰问"我"这多情的人，樱桃早已不是樱桃，而是他的千点泪，贮作一壶清冽的酒。

他独卧病榻，心已蒙尘，是徐乾学的樱桃让他看见了光。

该用什么酬谢徐先生？

他沉思片刻，拈起一颗红豆，低吟道："红豆生南国，春来发几枝。愿君多采撷，此物最相思。"

红豆，又名相思子，关于红豆的诗，最著名的便是王维的那首《相思》，又名《江上赠李龟年》。王维在诗中所表达的情感本就是对友人的思念，而非爱情。

突然之间很想念，想见他一面，同他说说这些日子的寂寥。

赠卿一颗红豆，愿得浮生欢喜。

最后一句"惜花须自爱，休只为花疼"是写花，也是写人，徐先生已是高龄，怜他之时，更当怜惜自己。

写完这首词后，成德拿起一颗樱桃，缓缓放入口中，汁液溢进喉咙，酸中有甜，恰似人生。

一瞬间，他释怀了。

有时候，只有尝过酸，才知甜的可贵。从前，上天太过眷顾他，让他如此顺遂，以至于经不起一丝风浪，人活于世，本该尝遍酸甜苦辣，知晓人间百味。

所幸，他还年轻，等上三年又何妨！

这三年，他的心可以慢慢沉淀，归来时，依旧壮志凌云，不负韶光。

某个清晨，成德的病痊愈了，他走出满是药香的暖阁，站在阳光下，沐浴着晨光，呼吸着空气中的芳香。这一刻，他又找回了从前的羽翼，穿破乌云，重见希望。

他来到徐乾学的宅院，叩响了陈旧的木门，深深作揖，含笑道："先生，我回来了。"

自与徐乾学相交，成德每逢三六九日，都要到徐乾学邸讲论书史，虚心求教，日暮方归。那时候，他心无旁骛，读圣贤之书，研经世之学。成德从不是渴望浮名之人，他只想证明自己，仅此而已。

这一年，他有了自己的书斋，取名通志堂。为此，还写了一首诗纪念。

### 通志堂成

茂先也住浑河北，车载图书事最佳。
薄有缥缃添邺架，更依衡泌建萧斋。
何时散帙容闲坐，假日消忧未放怀。
有客但能来问字，清尊宁惜酒如淮。

诗中提到了两个爱书之人，分别是西晋的文学家张华，以及唐代的李承休。

张华，字茂先，以"博物洽闻"闻名于世，著有《博物志》。《晋书·张华传》中言："雅爱书籍，身死之日，家无余财，惟有文史溢于机箧。尝徙居，载书三十乘。"

李承休，被封为邺侯，唐代宰相李泌的父亲。李家世代重视读诗，据《邺侯家传》记载，李承休藏书两万余卷，并告诫子孙不得将书带出门，若有求读者，只可在别院阅览。唐代诗人韩愈有诗云："邺侯家多书，插架三万轴。"邺架一词，由此而来。

成德的这首诗中略带惋惜之意，空有一座书斋，却无太多藏书。恰好他最敬重的老师徐乾学有一座藏书楼，名为传是楼，藏各种图书数万卷，排列有序。爱书之人沉浸在书海里无法自拔，慢慢地，他有了一个想法：将这些珍贵的藏书汇编成一部丛书。

多日之后，他将这个想法告诉了父亲与徐先生，没想到，竟得到二人的赞许。

徐乾学喜曰："是吾志也。"

原来，徐乾学早就有这样的想法。

不过，汇编丛书绝不是一件简单的事情，需要大量的时间、精力以及知识积累。成德，一个十九岁的少年，当真可以完成吗？

事实证明，他做到了。一本《通志堂经解》，凝结着徐乾学与成德师生二人多年的心血。书中收录一百四十种经解,有易类三十九种、书类十九种、诗类十一种、春秋类三十五种、礼类十二种、孝经类四种、四书类十三种、群经总义类七种。正如韩菼所言:"凡唐宋以来先儒经解世所不常见者,靡不搜揽参考,雕版行世。"

当然,也有人怀疑如此浩大的工程并非成德之功,乾隆皇帝对署名"纳兰成德校订"颇有异议,并命军机大臣详查此事。军机大臣显然并没有用心调查,递上一纸半真半假的结论,只为迎合圣意。于是,乾隆五十年(1785)五月二十九日,皇帝颁布上谕曰:"朕阅成德所作序文,系康熙十二年(1673),计其时成德年方幼稚,何以即能淹通经术?向时即闻徐乾学有代成德刊刻《通志堂经解》之事,兹令军机大臣详查成德出身本末,乃知成德于康熙十一年(1672)壬子科中式举人,十二年(1673)癸丑科中式进士,年甫十六岁。徐乾学系壬子科顺天乡试副考官,成德由其取中。父明珠在康熙年间,柄用有年,势焰熏灼,招致一时名流如徐乾学等互相交结,植党营私。是以伊子成德年未弱冠,夤缘得取科名,自由关节,乃刊刻《通志堂经解》,以见其学问渊博。古称皓首穷经,虽在通儒,非义理精熟毕生讲贯者,尚不能覃心阐扬,发明先儒之精蕴。而成德以幼年薄植,即能广收博采,集经学之大成,有是理乎?"

统治者的一段话否定了成德全部的努力。乾隆帝对纳兰家族成见颇深,成德的父亲纳兰明珠结党营私,贪赃枉法,其弟揆叙曾卷入皇子夺嫡之争,就连女婿年羹尧也因犯下九十二项大罪,被雍正帝赐死。乾隆潜意识里已经否定了成德的所有成就,其实,只要查一查《八旗氏族通谱》,成德的墓志铭、神道碑,便可知道事实并非如乾隆所言。成德于康熙十二年(1673)因病错过殿试,并不是没有考中进士,还有,那一年,成德不是十六岁,而是十九岁。另外,成德在《经解序》中也提到了,这本书得到了徐乾学、秦松龄、朱彝尊等人的帮助。

不妨来看看纳兰成德撰写的序。

经之有解,自汉儒始,故《戴礼》著《经解》之篇,于时分门讲授。曰《易》有某家,《诗》、《书》、三《礼》有某家,《春秋》有某家者,某宗师大儒也。传其说者,谓之受某氏学,则终身守其说不敢变。党同抵异,更废迭兴,虽其持论互有得失,要其渊源,皆自圣门。诸弟子流分派别,各尊所闻,无敢私创一说者,盖其慎也。东汉之初,颇杂谶纬,然明、章之世,天子留意经学,宣阐大义,诸儒林立,仍各专一家。今谱系之列于《儒林传》者,可考而知也。自唐太宗命诸儒删取诸说为正义,由是专家之学渐废,而其书亦鲜有存矣。至宋二程、朱子出,始刊落群言,覃心阐发,皆圣人之微言奥旨。当时如临川、眉山、象山、龙川、东莱、永嘉、夹漈诸公,其说虽微有不同,然无有各名一家如汉氏者。逮宋末元初,学者尤知尊朱子,理义愈明,讲贯愈熟,其终身研求于是者,各随所得以立言,要其归趋,无非发明先儒之精蕴,以羽卫圣经，斯固后世学者之所宜取衷也。惜乎其书流传日久，十不存一二。余向嘱友人秦对岩、朱竹垞购诸藏书之家，间有所得，雕版既漫漶断阙，不可卒读，钞本讹谬尤多，其间完善无讹者又十不得一二。间以启于座主徐先生，先生乃尽出其藏本示余小子，曰："是吾三十年心力所择取而校订者。"余且喜且愕，求之先生，钞得一百四十种，自《子夏易传》外，唐人之书仅二三种，其余皆宋元诸儒所撰述，而明人所著间存一二。请捐赀经始，与同志雕版行世。先生喜曰："是吾志也。"遂略叙作者大意于各卷之首，而复述其雕刻之意如此。

序中已经写明了成德汇编的过程，从最初对各个朝代学派、学术的研究，到嘱托好友、老师搜寻藏书，收录先秦、唐、宋、元、明时期的经解共一百三十八种，最后筹集资金，雕刻印刷。这一漫长的过程，持续了十几年，从康熙十二年（1673）开始刊刻，至康熙三十年（1691）前后才完成全部校订刊刻，而成德病逝于康熙二十四年（1685），也就是说，他过世之后，徐乾学等人还在续刻。书中皆已言明参与者的身份，而纳兰成德作为最初的倡始者、捐资者、抄录者、寻书者、汇编者，在卷末印有"纳兰成德校订"等字并无不妥。

这就是全部的真相。然而，即便查出了真相又如何？乾隆会认同吗？只怕又会想尽方法贬低这个家族，不愿承认这个结果。

一年后，当和珅呈上那本《红楼梦》，乾隆阅后，只说了一句话："此盖为明珠家作也。"

仅仅是明珠家的事情吗？错，那是许许多多大清贵族的兴衰史。

## [6] 酬知有愿频挥手

官场之上暗潮汹涌，谁不是心惊胆战地走在刀尖上，即便小心翼翼，也免不了鲜血淋淋。

康熙十二年（1673），徐乾学因顺天乡试"副榜未取汉军卷"被弹劾，不得不回故里，与徐乾学同时被弹劾的还有另一位主考官蔡启僔。因成德参加顺天乡试，故此二人与成德皆有一层师生关系。

蔡启僔，字硕公，号昆旸，其父蔡奕琛是明代万历年间进士，蔡启僔出身官宦之家，自幼跟随父亲在京师受业，不骄不奢，素衣公子，气度不凡，与成德倒是有几分相似之处。此人虽不及徐乾学有名气，却也是康熙九年（1670）皇帝钦点的状元，授翰林院修撰，任检讨、日讲起居注官。成德尊师重道，自然也会往蔡先生邸，请教一二。

那年秋日，两位老师降职归乡，成德自是千般不舍，含泪送别之时，为徐乾学写下一首诗。

**秋日送徐健庵座主归江南**

江枫千里送浮飔，玉佩朝天此暂辞。

> 黄菊承杯频自覆,青林系马试教骑。
> 朝端事业留他日,天下文章重往时。
> 闻道至尊还侧席,柏梁高宴待题诗。

师生之情似海,践行时,自要劝君更尽一杯酒,抚慰彼此难舍的心。那一夜,秋月微寒,成德送走了最尊敬的老师。

在他心中,徐乾学应是一片皎洁的月,生于浊世而不染尘。

然而,这个纯粹的孩子终究将人性想得太美好。

康熙二十七年(1688),湖广巡抚张汧贪污一案事发,张汧被问罪时,供出曾向徐乾学行贿,康熙帝庇佑徐乾学,暂时压下此事;后许三礼又弹劾其人"既无好事业,焉有好文章,应逐出史馆,以示远奸",徐乾学只好自请罢官归乡;徐乾学因曾写信给前任山东巡抚钱钰,包庇朱敦厚,事发后被革职;两江总督傅拉塔弹劾徐乾学及其弟徐元文放纵子侄、姻亲等"招摇纳贿,争利害民",此案受害者甚多;无锡监生华原淳告徐乾学诈银逼命;附居太仓生员张恂如告徐乾学炙诈婪赃逼死父命;休宁县商人吴淇禀告徐乾学冒旨诈骗银两财物……

以张恂如诉徐乾学案为例,张恂如的父亲张希哲乃是太仓州的学正,正八品的官职,康熙十三年(1674),又调升为知县,本是一桩喜事,谁知文凭到时,突患痰症,卧床不起,无法如期赴任。虽然知县仅是芝麻小官,但还是有无数双眼睛紧盯着那个空位,张希哲为此夜不能寐,生怕自己的官职被人顶替，便想花钱保住官职。徐乾学提出可以让弟弟徐元文在京中打点，不过，需要大量银子，若是张希哲暂无银钱，他愿借钱给他。其实，这种借款就是高利贷，最终导致张希哲倾家荡产。徐乾学之所以敢这么做，无非就是自恃一门权贵，即使东窗事发，也能全身而退。事实证明，真的如此，徐乾学劣迹斑斑，却并未获罪，原因只有一个，康熙帝赏识他的才华，若杀此人，世间再无人能替代其才学。一国之君的偏爱成了徐乾学最大的靠山。

这一切的阴谋，纳兰成德不会不知道，他也曾提醒过，就像当初提醒父亲那样，可是，他的话终难以挽救走上歧途的老师。他又无法与徐乾学分道扬镳，一日为师，终身为父，他割舍不掉这段师生之情。正义与情义，他选择了情义，既不认同徐乾学的行为，更不会同流合污，未来，成德依旧会敬他，慕他。不过，只限于文学。

有时候，成德会觉得自己和紫禁城中的那位少年天子很像，敬佩某些罪人，不愿以正义之名而杀之。

康熙十二年（1673），成德也为蔡启僔写下一首送别词。

## 摸鱼儿·送座主德清蔡先生

问人生、头白京国，算来何事消得。不如罨画清溪上，蓑笠扁舟一只。人不识，且笑煮、鲈鱼趁著莼丝碧。无端酸鼻，向歧路消魂，征轮驿骑，断雁西风急。

英雄辈，事业东西南北。临风因甚成泣。酬知有愿频挥手，零雨凄其此日。休太息，须信道、诸公衮衮皆虚掷。年来踪迹。有多少雄心，几番恶梦，泪点霜华织。

问人生，一辈子的时间都耗在了京师，青丝变白发，算来一切值不值？词的第一句，既是疑问，又是叹息。成德不懂，蔡先生一心为朝廷，为学子，只因乡试犯了一丝小过，便被贬官，这对他来说公平吗？

蔡启僔一生品行端正，凭着自己的才学，一步步走到今时今日的地位。不惑之年，妻子曾为他纳妾，当夜，妾室哭诉："妾已为人妇，只因夫君欠下兵营的债，日日被人催债，只能将妾卖身抵债，妾以不洁之身服侍你，是对你的不敬，亦是对夫君的不贞。"闻言，蔡启僔生怕毁了女子名节，当夜宿于别处，次日又为女子还债，命人送女子回家。后来，与友人团聚之时，友人邀两位名妓陪伴，其中一位女子对蔡启僔倾心已久，愿以身相许，蔡启僔却婉言谢绝，并写下一首词表明心迹。"功名念，风月情。两般事，日营营。几番搅扰心难定。欲待要倚翠偎红，舍不得黄卷青灯。玉堂金马人钦敬。欲待要附凤攀龙，舍不得玉貌花容。芙蓉帐里恩惠重，怎能两事都成？遂功名，又遂恩惠。三杯御酒嫦娥共。"

这样一位正人君子，连上天都愿意眷顾他，让他中年得子，继而状元及第。朝堂上，他不争不抢，不贪不占，谁能想到，就是这样一位不与世俗同流合污的老臣也会遭人忌妒愤恨，那些别有用心之人抓住其错处不放，直到将他逼出朝堂。

官场终是不值得。与其在京师虚度光阴，不如纵情于如画般的水乡，一叶扁舟，一身蓑衣，做一个寻常人，自有逍遥，无拘无束。

"人不识，且笑煮、鲈鱼趁著莼丝碧"这里用了"莼鲈之思"的典故。《世说新语》中记载，西晋文学家张季鹰在洛阳做官时，见秋风起，想念家乡的莼菜羹、鲈鱼脍，便道："人生贵得适意尔，何能羁宦数千里以要名爵！"遂辞官归乡。成德用此典故，是希望蔡先生归乡之后，也会过着笑煮鲈鱼的生活。

人的心总是矛盾的，既希望他潇洒自在，又不希望他踏上远行之路。西风急，孤雁飞，明知终要离别，还是忍不住鼻子发酸，黯然神伤。

英雄辈志在四方，却为何临风流泪？只因今日是离别之时，二人频频挥手作别，千般愁怨飘散在凄凉的雨中。英雄啊！且勿叹息！君可知，庙堂之上多少人将年华虚掷，庸庸碌碌，无所作为。这些人，又岂能与君相比？人生路，多少雄心，多少噩梦，回首时，已是泪湿白发。

成德目送着蔡启僔的身影远去，默默地想：如果可以，永远不要再踏足这片满是阴谋的土地。

多年以后，蔡启僔一度赴京复官，官职升至詹事府右春坊右赞善，前程一片光明。可此时，他已无心卷入纷争，不久，他自言患有足疾，告归还乡，永不复出。剩下的日子，他沉醉于山水之间，以修书读书为乐，有人诱劝他重归仕途，他道：

"我淡泊之志始终不渝。""而今为盛世,朝不乏辅佐之才,不妨留我一二人在水边树下,作为盛世点缀……"

一直在想,如果徐乾学有蔡启僔的半分淡泊之心,便也不会落下那么多骂名。

康熙十二年(1673),那次短暂的分别,改变了多少人的一生。

今夕分离,再见之时,会不会如初?最怕各自生,各自活,两处离分,最后面目全非。

红尘滚滚,蓦然回首,留谁孑然一身?

世人谴责纳兰明珠、徐乾学的时候,会不会也带上成德呢?可是,他又做错了什么?他只是用一颗纯洁的心拜师、交友,他从不怀疑,从不指责,可是,偏偏有人要带着满身伤痕去污染他的白衣。

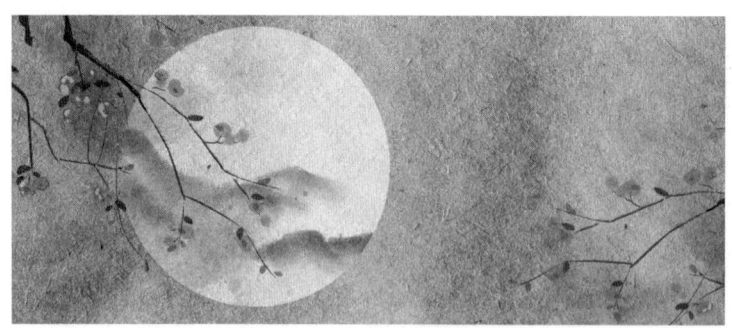

卷四　我是人间惆怅客

# [1] 着个闲亭挂夕曛

成德十九岁那年,有了书斋通志堂,还有了一座庭园,名为渌水亭。

**渌水亭**

野色湖光两不分,碧云万顷变黄云。

分明一幅江村画,着个闲亭挂夕曛。

他想在喧嚣的京城中筑起一处世外桃源,从此,谈笑有鸿儒,往来无白丁。他在这里,等待那些志同道合的朋友。

渌水亭建成后,成德便开始撰写《渌水亭杂识》,开篇写:"癸丑病起,披读经史,偶有管见,书之别简,或良朋莅止,传述异闻,客去,辄录而藏焉。逾三四年,遂成。曰《渌水亭杂识》,以备说家之浏览云尔。"

这本《渌水亭杂识》与成德的诗词不同,它展现了一个不一样的纳兰公子,其中有对文学、地理、天文、西学等知识进行的探究,又写下了自己的浅见。那一刻,他忘记了科考名利,只是一个纯粹的求知者。翻开《渌水亭杂识》,便可看到少年热忱,随笔挥写,未必是佳作,却是一篇篇充满情怀与梦想的文章。

书里有对"万春园里误春期"一句中"万春园"的详细解释:元时,海子岸有万春园,进士登第恩荣宴后,会同年于此,宋显夫诗所云"临水亭台似曲江"也,今失所在。元有甄氏访山亭,在城西,今莫详其处矣。

还有对窦十郎故居的探索:燕山窦十郎故居,或云在城西,或云在昌平,或云在涿州,或云在蓟州。当时冯瀛王道赠诗有"灵椿一株老"之句,今北城有灵椿坊,疑是十郎旧里,此灵椿所以名坊也。

他这样看待中西方的文化:西人历法实出郭守敬之上,中国曾未有也。西人医道与中国异,有黄液、白液等名。其用药,虽人参亦以烧酒法蒸露而饮之。西人之字,因人之语声而作之,其书名曰《耳目资》,唯谐声一门,非六书也。

而后,又写了对诗词的看法:宋人歌词,而唐人歌诗之法废,元曲起而词废,南曲起而北曲又废。今世之歌鹿鸣,尘饭涂羹也。诗乃心声,性情中事也。发乎情,止乎礼义,故谓之性。亦须有才,乃能挥拓,有学,乃不虚薄杜撰,才学之用于诗者,如是而已。昌黎逞才,子瞻逞学,便与性情隔绝。

渌水亭中,公子静静地读着那些经史子集,听见窗外细雨润物之声,忽而想到一句词:"枕上诗书闲处好,门前风景雨来佳。"

或许，这才是生活原本的样子。

此时的纳兰成德并不知道，许多年之后，这里将迎来一大批文坛名流，他们吟诗作赋、研读经史、曲水流觞，渌水亭，他此生最重要的地方。

那年，众人在渌水亭雅聚之时，成德仿效王羲之和李白，在《兰亭集序》和《春夜宴桃李园序》之后，撰写《渌水亭宴集诗序》。

### 渌水亭宴集诗序

清川华薄，恒寄兴于名流；彩笔瑶笺，每留情于胜赏。是以庄周旷达，多濠濮之寓言；宋玉风流，游江湘而讬讽。文选楼中揽秀，无非鲍谢珠玑；孝王园内搴芳，悉属邹枚黼黻。

予家象近魁三，天临尺五。墙依绣堞，云影周遭；门俯银塘，烟波混漾。蛟潭雾尽，晴分太液池光；鹤渚秋清，翠写景山峰色。云兴霞蔚，芙蓉映碧叶田田；雁宿凫栖，秔稻动香风冉冉。设有乘槎使至，还同河汉之皋；倘闻鼓枻歌来，便是沧浪之澳。若使坐对亭前渌水，俱生泛宅之思；闲观槛外清涟，自动浮家之想。何况仆本恨人，我心匪石者乎。

间尝纵览芸编，每叹石家庭树不见珊瑚；赵氏楼台难寻玳瑁。又疑此地田栽白璧，何以人称击筑之乡；台起黄金，奚为尽说悲歌之地。偶听玉泉鸣咽，非无旧日之声；时看妆阁凄凉，不似当年之色。此浮生若梦，昔贤于以兴怀；胜地不常，曩哲因而增感。王将军兰亭修禊，悲陈迹于俯仰，今古同情；李供奉琼宴坐花，慨过客之光阴，后先一辙。但逢有酒开尊，何须北海偶遇？良辰雅集，即是西园矣。且今日芝兰满座，客尽凌云；竹叶飞觞，才皆梦雨。当为刻烛，请各赋诗。宁拘五字七言，不论长篇短制；无取铺张学海，所期抒写性情云尔。

渌水亭为谁而建？为那些漂泊无依的江南文人，为那些惺惺相惜的知己红颜。

他直到辞世，也未曾离开渌水亭。是外面的世界太过嘈杂，还是身上的枷锁太过沉重？公子啊，何时才能像孩童般自由？

## [2] 知君何事泪纵横

有些人，看似孤独，实则心怀清风明月。

夜深之时，窗外传来寒雀的鸣叫，声声凄凉，使人无法入睡。成德点燃一盏小灯，于昏暗的烛光下，缓缓打开《静志居琴趣》，一字一句地细细品读。

这本词集的作者是朱彝尊，明朝大学士朱国祚的曾孙，生于明朝崇祯二年（1629），字锡鬯，号竹垞，又号醑舫，浙江秀水人，博通经史，才高八斗，乃是文坛大家。

朱彝尊之所以被世人熟知，除了他的诗文外，还有他的情史。纵观古今，似乎每个诗人的背后都有一段荡气回肠的爱情故事，或是秦楼楚馆，或是宫闱秘史，或是青梅竹马，这些风流韵事被人津津乐道，成为茶余饭后的笑谈，又或是被人写进话本，由说书先生娓娓道来。

朱彝尊的故事有些特殊，他所爱之人并非歌舞妓妾，而是自己的妻妹，冯寿常，字静志。

冯氏家族曾居住在嘉兴碧漪坊，与朱氏祖宅相距甚近，有人时常与两家往来，曾对朱家主母言："冯女贤惠。"在媒人的撮合下，两家定了亲事。当时，朱家贫穷，无力纳币，朱彝尊只能入赘冯家。那一年，朱彝尊之妻冯福贞十五岁，其妻妹冯寿常年仅十岁。

同住一个屋檐下，定是时常相见，初时，冯寿常年纪尚小，朱彝尊与她并无私情，视同家人，并无男女之别。入赘的日子自是难过，处处低人一等，冯氏族人免不了对其冷嘲热讽，自从入赘后，朱彝尊便以授徒为生，收入微薄，甚至有时难以自给。那是他人生的最低谷，受尽屈辱，郁结难舒。这时，唯有冯寿常给予他一丝关怀，钦慕他的才华，敬重他的为人。许多年后，妻妹渐渐长大，窈窕佳人，才貌双全，每当朱彝尊受人冷眼之时，她总会争辩道："大鹏一日同风起，抟摇直上九万里。尔等区区燕雀，安知鸿鹄之志哉！"

他写下的诗文，她全部珍藏，两个人的灵魂已是一体。二人相交以来，发乎情，止乎礼，即便爱得难舍难分，却从来没有做出有违礼法之事。这样的感情最是可怜，除了爱情，他们什么都没有。

顺治二年（1645），为躲避清兵，朱彝尊跟随岳父一家四处漂泊。当时，朱彝尊与冯寿常经常同乘一舟。

### 眼儿媚

那年私语小窗边，明月未曾圆。含羞几度，已抛人远，忽近人前。

无情最是寒江水，催送渡头船。一声归去，临得又坐，乍起翻眠。

一叶轻舟承载了恋人多少情愫，那一个"爱"字最难说出口，心心相印，相望无言，沉默着，于静默中生出爱情之花。然而，这段爱情终究是有花无果。她落泪了，他不敢安慰；她摔倒了，他不敢扶起。他将她写进词中，写佳人的相貌，写佳人的忧愁，写佳人的落寞。那些年，他一直在想：如果，她嫁人了……

后来，她真的嫁人了。从此，两地相思，彼此牵挂。

他从旁人口中，总会听到关于她的消息。

听闻，她过得并不如意。

听闻，她日渐憔悴。

听闻，她殁了……

红颜薄命，三十三岁，香消玉殒。朱彝尊含泪写下这首传世之作《桂殿秋》："思往事，渡江干，青蛾低映越山看。共眠一舸听秋雨，小簟轻衾各自寒。"

她的音容笑貌常常浮现在他眼前，回首往事，他为自己的懦弱而不甘，为自己的隐忍而痛苦。倘若，他能阻止那场荒唐的婚礼，她便不会抑郁而死。世间之事，越想越悔，那些年，他近乎疯魔，如行尸走肉一般游走在人间，浑浑噩噩，碌碌无为。

康熙六年（1667），朱彝尊将所写之词编成词集，取名《静志居琴趣》，静志，正是妻妹的字。《静志居琴趣》共有八十三首词，皆写爱情。男子写艳词，其所写对象大都是青楼女子，极少有人将良家女子写入词中。但是，朱彝尊不仅写了良家女子，而且此人还是妻妹，这段隐秘的感情就此呈现在世人面前，终是遭了唾骂，世人不容。爱情，没有错，但爱错了人，就是错。有多少人深爱这本词集，就有多少人厌恶这本词集，这本书如同作者本人一样，饱受争议。

这段故事，成德一清二楚，他在很久之前，便开始注意此人的诗文。他的断肠之苦："独上小楼人不见，断肠春色又今年"；他的相思之情："相思了无益，悔当初相见"；他的隐秘之爱："本向人前欲避嫌，禁不住、心怜惜"。如此艰难的爱情，像极了成德年少时的那场初恋，爱着，疼着，反反复复折磨着痴情人，谁也不愿放手，谁也不愿分离。

读着《静志居琴趣》，成德便会情不自禁地想起表妹，少年难忘情，许多事情，终是割舍不去。他沉浸在朱彝尊的诗文中，心弦断绝，悲痛落泪。

他合上书,闭目感受着寒风中的凄凉,轻叹道:"他究竟是一个怎样的人?"

成德一时之间想不到任何诗文来描述此人,但他知道,朱彝尊是同自己一样孤单的人。

康熙十一年(1672),朱彝尊携另一本词集《江湖载酒集》入京,书名取自杜牧的《遣怀》,原诗是:"落拓江湖载酒行,楚腰纤细掌中情。十年一觉扬州梦,赢得青楼薄幸名。"

细细想来,朱彝尊的人生与杜牧倒是有些相似,仕途渺茫,怀才不遇,堕落江湖数十载,一酒一诗且为伴。

此时,他已四十四岁,应是那个年代最落魄的江南文人,满鬓白发,步伐蹒跚。他神情落寞地行走在喧闹的街道上,平凡如尘埃,无人会回头望他一眼。他已穷途末路,再往前走一步,便是深渊。朱彝尊举目四望,人海茫茫,却无一人知他懂他,繁华的京师,永远不属于他这样的人。

他多希望可以有一个人,上前握住他的双手,告诉他:"大鹏一日同风起,抟摇直上九万里。"

如此,他冰封的心才会融化。

### 百字令·自题画像

菰芦深处,叹斯人枯槁,岂非穷士。剩有虚名身后策,小技文章而已。四十无闻,一丘欲卧,漂泊今如此。田园何在?

白头乱发垂耳。

空自南走羊城，西穷雁塞，更东浮淄水。一刺怀中磨灭尽，回首风尘燕市。草履捞虾，短衣射虎，足了平生事。滔滔天下，不知知己谁是？

这是《江湖载酒集》中的《百字令·自题画像》，是他四十多年艰苦人生的写照。写这首词时，应是在一个雨夜，他深深凝视着画像，良久，又拿起铜镜，照见自己的白发、皱纹，一瞬间泪眼婆娑。

这一生，他活成了什么样子？深爱的人，留不住，少年的梦，圆不了。心太痛，泪太苦，他的泪水含着人生的酸甜苦辣，最是凄惨，最是孤单。一首《百字令·自题画像》，写尽自己的前半生。一本《江湖载酒集》，道尽了人间的世态炎凉。

"滔滔天下，不知知己谁是？"这是一个文人心底的呐喊。

京城之中，许多文人都已读过这首《百字令·自题画像》，却无一人回应朱彝尊。

雪后的明珠府，寒梅点缀琼枝，冰雪覆盖红瓦，如美人晚妆初了，红处浓艳，白处素雅。这寂静的夜，成德又翻看了那本《江湖载酒集》，沉思了许久，提笔写下一首《浣溪沙》。

## 浣溪沙

残雪凝辉冷画屏,落梅横笛已三更,更无人处月胧明。

我是人间惆怅客,知君何事泪纵横,断肠声里忆平生。

残雪之夜,雪映屏风,窗外,梅花又落,笛声渐起,不知是何人在吹笛,声声摧心肝,令人黯然泪下。月色朦胧,寂静无人的夜,仿佛只剩下成德一人,他捧着一卷词集,思绪随着笛声,飘向远方……

那句"滔滔天下,不知知己谁是"终于有了答案,成德道:"我是人间惆怅客,知君何事泪纵横,断肠声里忆平生。"

此时,他不再是贵族公子,他只是人间的惆怅过客,一个过客,没有来路,没有归途,行走在一条名为寂寞的路上,漫漫长路,无人同行。"知君"二字,意味着他找到了天涯知心人,知君为谁落泪,知君因何惆怅,未曾谋面,心有灵犀,至善至纯之成德,才能懂得至情至性之朱彝尊。

断肠笛声中,成德回忆起平生事,那些欢喜的往事早已化为忧愁,那些忧愁的过往更是让人肝肠寸断,那看似美好的人生,其实早已布满伤痕。人生最是伤心事,莫过于"断肠声里忆平生"。

那夜,他又想起了谁?

那夜,朱彝尊又想起了谁?

许久之后,成德心怀敬意地写下一封书信,命人送到朱彝尊手中。接下来,便是兴奋又紧张的等待,他渴望得到一封回信,哪怕对方只回了一句话也好。

但成德没想到的是,朱彝尊竟然亲自登门,为他而来。

康熙十三年(1674)正月,朱彝尊拿着那封书信,叩响了明珠府的朱门,颤颤巍巍地伸出双手,将那封信递到门房手中,怀着一颗炽热的心,默默等待。

初见,一个落魄文人,一个风华公子,作揖之后,便是长谈,先谈诗书,再谈政论,竟不似初见,倒像是两个故友的重逢。朱彝尊望着这位年轻公子的一言一行,不禁想起了自己年轻时的模样,感叹道:"滔滔天下,终遇知己。"

朱彝尊在后来的《祭纳兰侍卫文》中记述:"呜呼!曩岁癸丑,我客潞河,君年最少,登进士科。伐木求友,心期切磋。投我素书,懿好实多。改岁月正,积雪初霁,纠履布衣,访君于第。君情欢剧,款以酒剂。命我题扇,炙砚而睇。是时多暇,暇辄填词。"

遇见成德,是上天的眷顾,也是命运的机缘。

## [3] 海棠断肠又轻语

有些人,一生都在纠结。于月下叹息,于江畔空吟,于庭前忏悔。龚鼎孳便是如此。

龚鼎孳,字孝升,号芝麓,与吴伟业、钱谦益并称为"江左三大家"。崇祯年间进士,明亡后降清,死后百年,被划为贰臣之列。

康熙十二年（1673），成德参加会试，龚鼎孳便是会试主考官之一。

在世人眼中，龚鼎孳总是多了那么几分争议，议他才华横溢，议他一身侍二主，议他与名妓顾横波的风流。

但是，成德初见龚鼎孳，并未想那些偏颇之见。这位生于安定朝代的公子，理解那段风云变幻的时局中龚鼎孳的选择。朝堂从来都是一个人的游戏，万千人的悲哀，每个人都有选择的权利。有些人愧对天下，却终不愧知己。

一个人的忠义，不是一件事就能盖棺定论的。一个能在起义中，守孤城七年而无恙，能在朝堂屡屡直谏弹劾，为天下士子谋取利益的人，又怎能说无忠义？

更何况，那些事情都已经过去几十年。如今的龚鼎孳，只是一个暮年老人，满鬓白发，安静平和。

成德不禁想起秋水轩唱和，龚鼎孳的那首《贺新凉》。

### 贺新凉

帘颭微飔卷。正新秋、一泓秋水，一宵派遣。客舍高城砧杵急，清泪征衫休浣。随旅燕、栖巢如茧。老子逢场游戏久，兴婆娑、肯较南楼浅。眉总斗，遇欢展。

西山半角藏还显。记春星、扪萝孤照，来青残扁。早雁渐回沙柳路，催起臂鹰牵犬。虾菜梦、年年难免。且饮醇醪公瑾坐，问风流、军阵今谁典。花月外，舌须剪。

人生如"巢",君为"旅燕",半生忙碌,半生奔波,有无法挣脱的束缚,有无法脱俗的执念。回首当年,谁不是一声叹息!

那日,龚鼎孳瞧见成德,便料到这个青年终有一日会成为文坛之光。二人相谈甚欢,龚鼎孳谈到了亡妾顾横波,谈到了秋水轩,最后,他谈到了西郊冯氏园。

西郊冯氏园是京城阜成门外的一座园林,明代万历年间由宦官冯保所建,因此得名"冯氏园",因园中海棠花而闻名。龚鼎孳每逢海棠花开之时,必会前来观赏,写出不少怜花惜花的词作。

提到西郊冯氏园,成德恭敬地道:"我读过先生的那首《菩萨蛮》,甚是喜欢。"

### 菩萨蛮·同韶九西郊冯氏园看海棠

年年岁岁花间坐,今来却向花间卧。卧倚璧人肩,人花并可怜。

轻阴风日好,蕊吐红珠小。醉插帽檐斜,更怜人胜花。

年年岁岁赏海棠,今年却因一人而生出别样情怀。伊人卧在海棠花间,暮春和煦的风吹得人醉,海棠花娇,人比花俏。

不知龚鼎孳是真的在层层叠叠的海棠花中看到了这样一位娇俏少女,还是看着面前轻吐细蕊的海棠,忆起了顾横波?

成德知晓自己这位师长的风流往事。当年,李自成攻下京城,龚鼎孳与顾横波投井未死,被俘虏后接受直指使之职,后又降清,任礼部尚书。宁为三朝之臣,不为旧朝殉葬,到底是何原因?大概,就是因为那位红颜吧!

秦淮八艳之一的顾横波,才貌双绝,江南诸多文宴都以顾横波缺席而遗憾。倾城才女最后嫁给龚鼎孳,二人的故事早已传遍了大街小巷,有褒,亦有贬。

纳兰成德是懂他们的,所以,他能在词中看到一抹倩影。

人在世间不停地辗转,总是想挽留什么,可是到后来却发现我们越想挽留的事物,在失去的时候,越痛得彻骨,此后词词句句缭绕皆是伤感。

天色渐晚,分别之时,龚鼎孳说的最后一句话是:"待到明年花开时,你我定要同游冯氏园。"

时间变幻无常,有时一日不见如隔三秋,有时一眼万年。世事变化无常,如万年的沧海桑田,又如一夜的天人两隔。

成德没有想到,龚鼎孳没有等来第二年的春天,康熙十二年(1673)九月,龚鼎孳卒于京城。

又逢花开时节,成德想起龚鼎孳的话,不禁黯然伤神。他独自骑马来到冯氏园,那年春,除却花开不是真。

冯氏园,海棠依旧,胭脂色的花朵好像被雨水晕染,晚风吹去,天边的云朵如鬓随风飘去,这番美景谁人能不爱呢?这海棠果真担得起苏轼"只恐夜深花睡去,故烧高烛照红妆"的喜爱。

春末时节，海棠飘零，然在成德眼中，无一物不勾起思念，眼前的景象可不就是《香严词》中"重来门巷，尽日飞红"的重现吗？

春来观海棠，游园之人欢声笑语，谁还能忆起那位故人？推开一扇扇陈旧的门，落英缤纷，寂寞凄凉，年年岁岁花相似，何人又在叹红尘？

### 浣溪沙·西郊冯氏园看海棠，因忆香严词有感

谁道飘零不可怜。旧游时节好花天。断肠人去自今年。
一片晕红才著雨，几丝柔绿乍和烟。倩魂销尽夕阳前。

片片花瓣在风中低语飘零，一句"谁道飘零不可怜"便将伤春感怀之情弥漫出来。故人飘零久，一生坎坷，谁道飘零不可怜！飘零于世，人如落花，一生飘零任东风。旧时繁花如梦，今朝断肠人去。那一树的海棠，何人来惜？

这首词字里行间，皆是在回忆龚鼎孳，"旧游时节好花天"，正合龚鼎孳《菩萨蛮》词前三首的游玩之乐；"断肠人去""倩魂销尽"，正应《菩萨蛮》词之第四句，对落花凋谢的感伤。

试问这海棠凋落，又飘零，谁会不心生怜惜之情？那些流传于世的诗文，又会勾起多少回忆。"断肠人去自今年"，断肠人既是龚鼎孳，又是成德。

海棠花,又名断肠花。古时,一个女子在家中等待自己心爱的人归家,日日于墙头盼望,春去秋来,两鬓斑白,至死都没有等到心爱的人。后来,在她站过的地方生出了花朵,如血一般红,众人惊叹,认为这朵花是由女子的眼泪灌溉而生的,思人泪断肠,因此,海棠花又叫断肠花。又有痴情人,写出了它的花语——苦恋,苦苦相恋,但没有结果。

何其哀伤的花!龚鼎孳一生受尽世人冷眼,愿他的灵魂永得自由,去寻找自己的"璧人",成德这样想着。

断肠花落,树下断肠的少年又该何去何从?他的"璧人"又在何方?

夕阳下,行人渐稀,独留成德一人在树下沉默。

## [4]不待征人尽北归

百姓如何一世长安?

是因为有人拼死为他们守住脚下的土地。

康熙十二年(1673),三藩之叛终于爆发了!

吴三桂精心编织一个谎言,并写成《反清檄文》,告天下百姓,其中写道:"我本镇独居关外,矢尽兵穷,泪干有血,心痛无声。不得已歃血订盟,许虏藩封,暂借夷兵十万,身为前驱,斩将入关。李贼逃遁,痛心君父重仇冤不共天,誓必亲擒贼帅,斩首太庙,以谢先帝之灵。幸而贼遁冰消,渠魁授首。正欲择立嗣君，更承宗社封藩，割地以谢夷人，不意狡房逐再逆天背盟，乘我内虚，雄据燕都，窃我先朝神器，变我中国冠裳，方知拒虎进狼之非，莫挽抱薪救火之误。本镇刺心呕血，追悔无及，将欲反戈北逐，扫荡腥气，适值周、田二皇亲密会太监王奉抱先皇三太子，年甫三岁，刺股为记，寄命托孤，宗社是赖。姑饮泣隐忍，未敢轻举，以故迎居穷壤，养晦待时，选将练兵，密图恢复，枕戈听漏，束马瞻星，磨砺竟惕者，盖三十年矣！"

用虚假的文字将自己伪装成勤王讨贼的英雄，又扯出子虚乌有的"朱三太子"，欲欺天下人。如此拙劣的手段，又岂能骗过百姓？自少年天子登基以来，百姓安居乐业，谁会盼望满是杀戮的战争。

朝堂上，大臣们辩得已是面红耳赤，一方主张求和，一方主张撤藩。

当时，提出撤藩之人便是纳兰明珠，他伴君多时，早已察觉到这位少年天子撤藩之意。只是，有些话不应由帝王来说，而要由臣子来说，明珠便要做那个斗胆直言的臣子。

索额图否决道："前议三藩当迁者，皆宜正以国法。"

康熙帝道："此出自朕意，他人何罪？"

帝又道："朕自少时，以三藩势焰日炽，不可不撤，岂因吴三桂反叛遂诿过于人耶？"

事实证明，明珠赌对了。

成德得知此事，也为父亲松了一口气，那是他第一次感觉到政治的复杂。那风起云涌的朝堂,不知藏着多少明枪暗箭,父亲的每一个决定,都关乎纳兰家族的命运。

那年,狼烟滚滚,血流成河,生灵涂炭,战场便是人间地狱,将士悲歌,马革裹尸。

有人将两首诗送到京城,一首是《绝命诗》,另一首是《殉难诗》,句句血泪,字字惊心。此乃广西富川知县刘钦邻的绝笔,吴三桂叛乱后,广西将领孙延龄附应吴三桂攻打富阳城,刘钦邻率领家丁四十余人拼死抵抗,终因不敌而被捕。叛军使出诱降之策,授其官印,忠心耿耿的刘钦邻将官印掷于地上,并怒斥叛军,叛军将其关入重牢。狱中,刘钦邻自知命不久矣,不愿受叛军羞辱,含泪写下两首诗后,自缢殉节。

### 绝命诗

城社丘墟不自由,孤灯囚室泪双流。
已拼一死完臣节,肠断江南亲白头。

### 殉难诗

反复南疆远,辜恩逆丑狂,
微臣犹有舌,不肯让睢阳。

这两首诗传到了京师,上至君王,下至百姓,无一不知此事。那短短几行字,激起了无数民怨,一个忠臣的死亡,换来了前方战士浴血奋战的斗志。后来,朝廷追赠刘钦邻为太仆寺少卿,赐谥"忠节"。

渌水亭,成德默默地看着这两首诗,眼前浮现出战场杀戮的画面,一场战争,究竟要牵连多少无辜之人?"微臣犹有舌,不肯让睢阳",这里提到了张巡守睢阳的典故。安史之乱时,安庆绪、尹子琦率领十三万人攻打睢阳,守城之人正是张巡,守城士兵仅有三千人。三千人如何抵御十三万人?张巡率领士兵拼死抵御外敌,最终陷入困境:粮尽。张巡便杀爱妾,分给士兵们吃,后又杀老弱妇孺,史书记载"凡食三万口"。这样的事情在历史上并非出现一次,顺治初年,南明大将李定国率二十万大军围攻广东新会,守城将领耿继茂就曾要求城中每家贡献一个人作为"人肉口粮"。

这些守城之人到底是在守护百姓,还是在屠杀百姓?为了一个"忠"字,弃百姓性命于不顾,是忠节还是残忍?千百年来,人们对于此事争论不休,有人认为守城人对,此乃悲壮之举,有人认为这是丢车保帅。成德明白,有些事情,无论扣上多么高尚的帽子,终究掩饰不了残忍的本性。

那日,成德写下一首《挽刘富川》。

### 挽刘富川

人生非金石,胡为年岁忧?
有如我早死,谁复为沉浮?
我生二十年,四海息戈矛。
逆节忽萌生,斩木起炎州。

穷荒苦焚掠，野哭声啾啾。
墟落断炊烟，津梁绝行舟。
片纸入西粤，连营倏相投。
长吏或奔窜，城郭等废丘。
背恩宁有忌，降贼竟无羞。
余闻空太息，嗟彼巾帼俦。
黯澹金台望，苍茫桂林愁。
卓哉刘先生，浩气凌斗牛。
投躯赴清川，喷薄万古流。
谁过汨罗水，作赋从君游。
白云如君心，苍梧远悠悠。

刘钦邻之死，的确令人惋惜，那些身处水深火热之中的百姓，又该怎么办？那些为国征战的将士，何时才能把家还？

深夜，月光照见少年人的慈悲心，成德提笔写下十三首《记征人语》，他想：终有一日，战争会结束。

### 记征人语

列幕平沙夜寂寥，楚云燕月两迢迢。
征人自是无归梦，却枕兜鍪卧听潮。

横江烽火未曾收，何处危樯系客舟。
一片潮声飞石燕，斜风细雨岳阳楼。

楼船昨过洞庭湖,芦笛萧萧宿雁呼。
一夜寒砧霜外急,书来知有寄衣无。

旌旗历历射波明,洲渚宵来画角声。
啼遍鹧鸪春草绿,一时南北望乡情。

青磷点点欲黄昏,折铁难消战血痕。
犀甲玉枹看绣涩,九歌原自近招魂。

战垒临江少落花,空城白日尽饥鸦。
最怜陌上青青草,一种春风直到家。

阵云黯黯接江云,江上都无雁鹜群。
正是不堪回首夜,谁吹玉笛吊湘君。

边月无端照别离,故园何处寄相思。
西风不解征人苦,一夕萧萧满大旗。

移军日夜近南天,蓟北云山益渺然。
不是啼乌衔纸过,那知寒食又今年。

鬟影萧萧夜枕戈,隔江清泪断猿多。

霜寒画角吹无力,梦归秦川奈尔何。

一曲金笳客泪垂,铁衣闲却卧斜晖。
衡阳十月南来雁,不待征人尽北归。

才歇征鞯夜泊舟,荻花枫叶共飕飕。
醉中不解双鞬卧,梦过红桥访旧游。

去年亲串此从军,挥手城南日未曛。
我亦无端双袖湿,西风原上看离群。

掌权者捍卫着各自的权力、地位,又有谁去关心征人的泪?战火无情,刀剑冰冷,是谁在荒野上唱着:"昔我往矣,杨柳依依。今我来思,雨雪霏霏。行道迟迟,载渴载饥。我心伤悲,莫知我哀!"

那些年,南方战乱,朝局动荡,成德在一件件人情世故中步入成年。

康熙十三年(1674),成德二十岁,《礼记·曲礼》上说:"男子二十冠而字。"只有男子成年,方可取字,古代不可直呼其名,取字是为了让同辈和属下尊称他的字,避免直呼其名。

纳兰成德,字容若。这两个字并非出自典故,却有关联之处。容,有或许、也许之意。若,有如果、假如之意。

如果……或许……试着用这两个词语造句,得到的句子是不是有些哀伤?对于那些追悔莫及的往事,人们总喜欢假设,叹息着:"如果当时没有……或许不会……"

其实,我们心里都知道,哪里有什么如果。

卷五　十八年来堕世间

## [1] 谁家女儿着红妆

这世上,总有一个人在等你。

也许,你们不曾相识;也许,你们不曾邂逅。

但她早已爱上你,心甘情愿以最美的姿态拥抱你,为你生,为你死。

碧玉年华,她爱上了一个素未谋面的人——纳兰容若。自从这个名字出现在她生命里,她便用心弦为他奏响最美的乐章,此生不负,非君不嫁。

她是两广总督卢兴祖之女,父亲是汉军镶白旗人。顺治三年(1646),由国子监官学生授工部启心郎,顺治十四年(1657),迁大理寺少卿,顺治十八年(1661),擢广东巡抚。康熙四年(1665)二月,迁广东总督,全名为"总督两广等处地方提督军务、粮饷兼巡抚事",是九位最高级的封疆大臣之一。

幼年时,她居于京师,年纪尚小,对于京城的记忆实在有些模糊。她几乎足不出户,只记得父亲时常会提到"纳兰明珠"这个名字,那是父亲的至交好友。后来,她随父亲去了广东,开始一段崭新的生活。

生于权贵之家,是幸,也是祸。她自幼锦衣玉食,读四书五经,习女则女训,一书一茶,明月星辰相伴,无忧无虑的深闺时光。可惜,好景不长,康熙六年(1667)十一月,发生了"澳门诈贿案"①,卢兴祖入狱,涉案之人均供卢兴祖勒贿,卢兴祖于狱中自杀,自杀当日,所有重罪之人皆被赦免。

卢家没落了,一朝之间,所有的荣耀荡然无存,卢家女儿尝遍了世态炎凉、人情冷暖。那段日子,她的世界满是阴霾,不见一丝暖光。

所幸,纳兰明珠及时伸出了援手,保住了卢兴祖之子卢腾龙的官职,卢家渐渐恢复了往日的显赫。

那年,京城流传着一首词——《木兰花令》,作者是纳兰府的容若公子。短短五十六字,竟让无数闺中女子暗中倾慕,为之叹息,为之流泪,为之相思。

卢家女儿的书桌上也放着一张信笺,是友人抄送来的,听说,这是世间最哀伤的词。

她缓缓打开信笺,只看了第一句,心便沉入深海,不知为

---

① 澳门诈贿案:清朝初年,清政府迁界、禁海,香山县县令姚启圣违反朝廷禁令,与澳门葡萄牙人做起见不得光的生意。所谓生意,就是葡萄牙人付出巨额银两让澳门放宽海禁。康熙六年(1667),姚启圣与葡萄牙人谈判,最终,以二十五万两白银换取澳门免迁和开海贸易。涉案之人除了姚启圣,还有两广总督卢兴祖、平南王尚可喜。

何，泪水早已湿了衣衫。

原来，世间真有如此哀伤的文字。

## 木兰花令

人生若只如初见，何事秋风悲画扇。等闲变却故人心，却道故人心易变。

骊山语罢清宵半，泪雨霖铃终不怨。何如薄幸锦衣郎，比翼连枝当日愿。

如果人生都如初见时美好，便不会经历相思之苦，离别之痛，漂泊之愁，愤世之怨。人生何其复杂，情感何其沉重，这一生，怎能如初见？

那一句"人生若只如初见"，感动了天下多情人，七字道尽了世间辛酸，一个人要经历多少离别、遗憾、悔恨，才能如此怀念初见。

"何事秋风悲画扇"一句是用了班婕妤的典故。卢氏熟读史书，她记得第一次看到"班婕妤"这三个字是在《汉书》中。《汉书·外戚传》中记载："成帝游于后庭，尝欲与婕妤同辇载，婕妤辞曰：'观古图画，圣贤之君皆有名臣在侧，三代末主乃有嬖女，今欲同辇，得无近似之乎？'上善其言而止。"

此典乃是称颂后妃之德，汉成帝想让班婕妤与他同辇而行，班婕妤推辞说："我看古时画卷，凡是明君身边都有贤臣相伴，而夏、商、周三代亡国之君才有女子相陪。今日，陛下让我同辇，不是与他们一样吗？"汉成帝闻言，便不再让她同辇。

班婕妤虽赢得了贤妃之名，却没有得到帝王的心。后来，汉成帝宠信赵飞燕，听信谗言，厌弃班婕妤。深秋时节，冷宫之中，班婕妤含泪作《团扇歌》："新裂齐纨素，皎洁如霜雪。裁为合欢扇，团团似明月。出入君怀袖，动摇微风发。常恐秋节至，凉飚夺炎热。弃捐箧笥中，恩情中道绝。"

秋风乍起，团扇要么被丢弃，要么被收于匣中，女子命薄如画扇，岂能长伴君旁？终是要被遗忘。

卢氏不懂，容若为何要用班婕妤的团扇典故？

再往下看去，"等闲变却故人心，却道故人心易变"，她这才明白过来，原来这首词是以女子的口吻，道出"人心易变"，难怪上句会提到秋风、画扇，这都是对薄情人的控诉。

接着，她又看到了唐明皇和杨玉环的典故，骊山华清宫，七月七日长生殿，唐明皇与杨贵妃发誓要生生世世为夫妻，可惜，这场爱情终究以悲伤而结束。安史之乱爆发，马嵬坡下葬红颜，曾经的山盟海誓化作决绝之言。相传，唐明皇入蜀时，闻雨声阵阵，铃声悲凉，故作《雨霖铃》。

最后一句，又是女子发出的叹息：薄情的郎，你又怎能比得上当年的唐明皇？

至少，他曾与杨玉环有过比翼鸟、连理枝的心愿。哪怕誓言化为一场空，只要爱过，便已无怨无悔。

卢氏反复品读这首词，忍不住疑惑："他究竟是一个怎样的人？"

什么样的人才能写出如此凄凉的词？他经历过什么？是生离，还是死别？

她想了许久，也没有答案。

其实，只要她问问兄长卢腾龙，便可得到答案。但是，女儿家娇羞，终是难以开口。暗恋如此孤独，令她辗转难眠，从未如此想念一个人，那时的她才知何为相思、何为情。即使未曾谋面，相思亦能入骨。

爱上一个最熟悉的陌生人，品读着他的诗词，想象着他的容貌。偶尔听到他的名字，白皙的脸颊会泛起红晕，嘴角漾开浅浅的笑容。夜深人静时，她对着那轮冷月，情不自禁地低吟："人生若只如初见，何事秋风悲画扇。"

爱一个人需要理由吗？从来不需要！

十八岁那年，卢腾龙笑容满面地告诉她："丫头，你要嫁人了！"

她心中一惊，怯怯地问："是哪家公子？"

"纳兰家的容若公子！"

她又是一惊，低声重复着："容若公子，容若……"

如果这是一场梦，她宁愿永远不要醒来。

那一夜，她欢喜得不敢入眠，生怕一觉醒来，这场美梦便破碎了。

清晨，丫鬟送来一件绣着凤穿牡丹的大红旗装，卢氏小心翼翼地抚摩着嫁衣上的金丝绣线，傻傻地笑道："幸好，不是梦。"

她要嫁人了，嫁给那位衣不染尘的纳兰公子。

那年人间四月天，谁家女儿扣琴弦，一曲一调思华年。

清军入关后，征服者带来了新的婚俗，不同于汉人的婚俗。纳采时，男方主人需身着吉服，携带礼物送至女方家，女家主人也需吉服迎入，说明纳采来意后，女家主人表示接受，并告于祖先。次日，纳采之家设宴款待亲朋好友，宴席所用牲数都有严格规定，不可越制。婚礼前一日，女家送妆奁于男方家中。婚礼当日，新郎无须亲自迎娶新娘，新郎候于家中，遣人至女家，迎娶新娘。新娘入室后，新郎与新娘按照规矩行礼，再行合卺礼。

以上是官员的婚仪规格，《大清会典事例》规定：品官之子，未受职者，婚礼视其父；已受职者，各从其品。

大婚之日，良辰吉时，明珠府内贴满了喜字，到处都是欢笑之声。一片喧闹中，容若身着吉服站在镜前，凝视着镜中的自己，忽而有些陌生。

少年已成青年，清澈的眼中多了一丝成熟稳重，从今以后，他便成家了，不知为何，竟觉一丝悲伤。也许，这就是成长吧！人的一生都在行走，谁也不能永远停留在原地，成家立业，本就是人生的一部分。

今日，他会遇到一个怎样的女子？是娴静？是端庄？是活泼？无数疑问萦绕在心间，一向平静的容若，此时，竟有几分紧张。

新婚之夜，便是他们的初见。

卢氏坐在花轿中，又想起了那句话：人生若只如初见。

她期待着与他相见。

洞房花烛夜，空气中弥漫着淡淡檀香，女子安静地坐在床榻上，听见有人推门而入，脚步声一点点靠近，她双手紧张地握着手帕。

容若走到她面前，抬起手，慢慢掀起绣着鸳鸯的红盖头。那恬静的脸庞一寸寸映入他的眼中，粉面朱唇，半点胭脂妆，一汪水眸正认认真真地看向他。

这女子的目光藏着星辰，如此明亮，如此灵动。

卢氏缓缓开口，唤了一声："良人。"

这是女子对丈夫最古老的称呼，出自《诗经·秦风·小戎》："厌厌良人，秩秩德音。"

容若淡笑地回道："良人。"

丈夫亦可以称呼妻子为良人。

她又说："今夕何夕，见此良人？"

他道："子兮子兮，如此良人何？"

这两句皆出自《诗经·绸缪》，正是民间贺新婚的诗。

女子含羞低下头，龙凤红烛照着女子的脸庞，好似待放的芙蓉花，于漫漫长夜中生香。

清晨，天未亮，新妇便对镜梳晨妆，柳叶细眉，花瓣唇妆，鬓间插着一根白玉木兰簪子。妆罢，她轻步来到书房，整理着桌上的书卷。

虽然府中有下人，但有些事情，她还是愿意亲力亲为，比如洗手做羹汤、穿针绣香囊。

无意间，她瞧见了一张宣纸，上面写着那首《木兰花令》，此乃容若亲笔。她惊喜地拿起那张纸，读了又读，看了又看，像是舍不得放下桂花糖的孩子。

忽然，身后传来一道温柔的声音："你喜欢这首词？"

她转过身，瞧着容若，点了点头，轻叹道："京中的女子哪个不喜欢！这首词以女子之口，写至真至纯之情，何等深情，何等悲伤，何等遗憾。"

容若没有说话，只是深深地凝视着她。

两人陷入了长久的沉默，时光仿佛静止，雁过无痕，落花无声。

卢氏忍不住开口问："不知这首词是写给何人？"

"友人。"

"友人？"卢氏诧异，世上不知多少人将这首词误以为是写给女子之作，连她都是这般以为，却没想到，竟是写给友人。

容若淡笑道："此乃拟古决绝词，柬友。"

卢氏懂得，他本不是世俗中人。

在他心中，爱情与友情同样重要，至死不渝，生死不弃，纵然是"悲画扇"的结局，也不改"比翼连枝"的心愿。他像是一个天真的孩子，如此渴望真情。

尼采说："这个世界上到处存在一种爱的延续。在延续中，两人的渴求指向另一种新渴求，指向共同的更高的目标，即位于他们上空的理想。可是，谁熟悉这种爱情呢？谁经历过这种爱情呢？它的正确名字叫友情。"

人生若只如初见，他此生所求，仅此而已。

清风拂过，一室淡香，那日，她说："我们的人生定会永如初见。"

## [2] 多情情寄阿谁边

卢氏是真的爱容若，她从不执着于他的过往，更不会提起那个入宫的女子。她知道，曾经只是曾经，遗憾终是遗憾，往事勿提，往事勿忘。

大婚之后，容若渐渐发现卢氏的可爱之处。

春暖花开时，他们会效仿李清照、赵明诚，赌书泼茶，茶香袅袅，只听书房中传来伊人朗朗的吟诗声，何人庭前赋梨花，正是青春好年华。寒冬腊月时，白雪皑皑，她折下几枝梅花，取梅上初雪，煮一壶清酒，坐在红炉旁，与他共读儒家典籍，再素手调琴弦，为他抚一曲《梅花引》，忘却了时间的流逝，抛下了俗世的困扰，只羡鸳鸯不羡仙。

### 浣溪沙

十八年来堕世间，吹花嚼蕊弄冰弦。多情情寄阿谁边。
紫玉钗斜灯影背，红绵粉冷枕函偏。相看好处却无言。

这首词为卢氏而写。

卢氏嫁给容若那年，正是十八岁，像是坠落凡尘的仙子，从天而降，只为与他相见。虽无倾国倾城的容貌，却有一颗孩子般纯真的心，她的存在，似乎只为爱他，爱得刻骨铭心，爱得轰轰烈烈。

"吹花嚼蕊"是指女子吹奏、唱歌，由此可见，卢氏不仅才华横溢，还精通音律。她是多情的女娇娥，将多情的心寄到他手边，他要如何珍藏？

暖阁中，朦胧的灯影映着她鬓间的玉钗，她斜倚在枕函上，发髻松松挽就，铅华淡淡妆成。看着这样美好的她，他竟不知用何言语来表达此刻的心情。

枕函，古代以木或瓷制枕，中空可藏物，故称枕函。卢氏的枕中又藏着什么？是他的诗文，还是她的相思？那些夜晚，他们共枕同眠，又许下多少动人的誓言。

卢氏与容若身上有太多相似之处，出身高贵，父亲身居高位，搅弄风云。他们生来便是锦衣玉食，什么都有，唯独缺少自由。他们一生都要听从父母的安排，卢氏是幸运的，至少她嫁给了容若。可容若呢？他还有什么？

此时，他只有卢氏。

两个人像是寒冬之中的燕雀，彼此依偎，彼此拥抱，将所有的善良、温暖给予对方。

这是爱，更是希望。

浮生欢喜，一世长安，他们曾有过一段难忘的时光，只属于两个人的甜蜜。

### 蝶恋花

露下庭柯蝉响歇。纱碧如烟，烟里玲珑月。并著香肩无可说，樱桃暗解丁香结。

笑卷轻衫鱼子缬，试扑流萤，惊起双栖蝶。瘦断玉腰沾粉叶，人生那不相思绝。

宁静的夏夜，庭院中，树上蝉鸣时响时歇，轻纱如烟，月色朦胧。夫妻二人并肩而坐，心中流淌着一丝愁绪。至于因何而愁，词中并未言明。想来，他们都是多愁善感的人，观世间万物或有所感，或有所叹。

他喜，她陪他喜；他忧，她陪他忧。

卢氏笑着卷起青衫，轻罗小扇扑流萤，怎奈惊起双栖蝶，花丛中，女子轻盈地转过身，玉腰沾着几片落叶。月光下，一人一蝶，嫣然动人。

多年以后,这些幸福的点滴都将化为容若一生的回忆。

### 南香子

烟暖雨初收,落尽繁花小院幽。摘得一双红豆子,低头,说著分携泪暗流。

人去似春休,厄酒曾将醉石尤。别自有人桃叶渡,扁舟,一种烟波各自愁。

那年雨后,小院幽静,容若摘得一双红豆,想着,若有一日要分离,留下来的人,该如何度日?

人生何其短暂,世人皆言红豆相思情,谁叹相思血泪抛红豆。

如果,时间再长一点儿,多好……

梦,往往是在一瞬间破碎。

那日,容若的母亲带着一个女子来到院子,母亲端坐在木椅上,轻啜一口茶,目光又睨向卢氏,不紧不慢地说道:"从今往后,她便与你一同照顾成德,你们二人好生相处,不得生出事端。"

此女乃是颜氏,颜氏究竟是何身份?古代贵族的妾室,大体分为:第一,正妻出嫁时会选择陪嫁之女,多为正妻家中庶女或表姊妹,嫁去之后为妾;第二,出身官宦人家的庶女;第三,平民之家的女子;第四,戏子、艺妓出身的女子;第五,正妻家中的丫鬟或是男主人家中的丫鬟。

  颜氏应是平民之家的女子，或是府中丫鬟。总之，颜氏出身卑微，为人敦厚，在贵族的眼中，这样乖巧温顺的女子最适合做妾室。纳妾，已成为那个时代的特征，即便男子不做选择，家人也会为男子做出选择。而正妻若不许夫君纳妾，便是"善妒""无德"，这种思想已经根深蒂固。《浮生六记》中的芸娘，绞尽脑汁为夫君沈复纳妾，纵然沈复拒绝，她依旧微笑物色。现代人看来不可理喻，在古代却是寻常之事。

  容若身为纳兰明珠的长子，必要纳妾，以保子嗣延续。

  窗外下起了绵绵细雨，卢氏那双星辰般的眼眸透着伤与痛，有些事情，她不能说"不"，这是身为女子的无奈，更是身为妻子的悲哀。沉默之后，她只能强挤出一丝微笑，点头道："好。"

### 菩萨蛮

隔花才歇帘纤雨，一声弹指浑无语。梁燕自双归，长条脉脉垂。

小屏山色远，妆薄铅华浅。独自立瑶阶，透寒金缕鞋。

细雨才歇，双燕归去。

  容若望见她时，她正一动不动地站在石阶上，像是画中人，雨水浸湿了金缕鞋，她却浑然不觉。

  那一刻，年少时的记忆席卷而来，他又想起了表妹入宫前的神情、落寞、伤情、无奈，而他什么也做不了。一种熟悉的无力感侵袭而来，但这一次，他不会后退。

父母可以左右他的生活，却左右不了他的爱情。

容若走到她的面前，将她拥入怀中，他说："吾愿与卿相守，万万年。"

他将所有的爱都给了卢氏，盼着地久天长、白头偕老。

如果，时间再长一点儿，多好……

明珠府，有人欢喜，便有人悲伤。

张爱玲说："如果情感和岁月也能被轻轻撕碎，扔到海中，那么，我愿意从此就在海底沉默。你的言语，我爱听，却不懂得。我的沉默，你愿见，却不明白。"

颜氏，终是一个人。

有人问她："少爷待你如何？"

她想了想，只说了四个字："相敬如宾。"

她说了"敬"字，唯独不说"好"字。

颜氏并非容若的挚爱，甚至连红颜知己都算不得。容若的词，她读不懂；容若的心，她看不透。但是，她喜欢留在容若的身边，听他的声音，看他的眉眼。她一定爱过他，以妾之身份爱着他，天冷时，为他添衣，天热时，为他递扇，如此无微不至，让人挑不出错处，却也谈不出好处。

她是那个时代最典型的女子，安守本分，尊卑分明，是平凡到尘埃里的人。

可是，就是这样一个平凡的人，心中亦有渴望。她想走进他的世界，走进他的心。于是，她开始读书识字，笨拙地拿起笔，在纸上一遍遍地练习"鸳鸯"二字，一笔一画，皆是真情。

鸳为雄鸟，鸯为雌鸟，汉代司马相如《琴歌》之一："何缘交颈为鸳鸯，胡颉颃兮共翱翔。"

颜氏提笔之后，才知这二字竟如此复杂，她写了一遍，不满意，又撕了再写。

容若偶经颜氏居住的小楼，一直很疑惑，她到底在写什么？

他走过去，只见颜氏慌张羞涩地收起纸，藏在身后，他只是淡淡一笑，并没有强迫她交出那些纸。

后来，丫鬟打扫屋子时，拾起那些撕碎的纸片，正要扔掉时，容若忽然制止。他拿起纸片，拼凑起来，瞧见"鸳鸯"二字，不由一惊。

隔着纸面，也能感觉到她的深情。

### 临江仙

点滴芭蕉心欲碎，声声催忆当初。欲眠还展旧时书。鸳鸯小字，犹记手生疏。

倦眼乍低缃帙乱，重看一半模糊。幽窗冷雨一灯孤。料应情尽，还道有情无？

碧纱窗外，点点细雨打芭蕉，闻声心碎，又勾起如烟回忆。

他还记得颜氏初到明珠府的情景，低眉顺眼，轻声细语，从不敢多说一言，不敢行错一步。而他敬她护她，却从不爱她，男女之情，皎如明月。

"欲眠还展旧时书"，临睡前，容若又展开那些纸张，那"鸳鸯"二字弯弯扭扭，尚不熟练。即便如此，她还是写满了整整一张纸，鸳鸯小字，字字含情，焉能不懂她的相思。

都言睹物思人，容若却是睹物生愧。翻过一页页旧时书，缃帙乱，不禁泪眼模糊。落花有意流水无情，他不愿负任何人，却没想到终是负了那一人。

只是，他又该如何回应？

容若推开窗子，望着远处的玉楼，此时，幽窗紧闭，正亮着一盏孤灯，她的夜晚如此孤独。

最后一句，他写道："料应情尽，还道有情无？"

情，本就复杂。

明明缘分已尽，偏偏有人纠结着：到底是有情，还是无情？

容若的答案是：情尽。

他从不是滥情之人，所以，他必须明明白白地告诉她，情尽之时，勿再执念不放。

痴情的女子，你可知道，纵然你一往情深，也换不得一句"地老天荒"。

这首词，颜氏看见了，困扰自己许久的问题终于有了答案。

曾经，遗憾不懂他的世界，与他隔着万水千山。如今，她读懂了诗文，却与他隔着海角天涯。她还是那个多余的人，无论再怎么努力，她依旧成不了他的唯一。这世上，总有如此孤寂之人，爱情从来没有对和错，只有爱和不爱。他不爱，她又能如何？也不是没有争过，可她又何苦争一场原本不属于自己的感情，哪怕有一日，她变成和卢氏一样聪慧的女子，她也得不到容若的心。

因为，她终不是卢氏。

有人问："我值得什么？何苦如此？"

有人答："我心甘情愿。"

情深若斯，默默坚守，这一守，又是多少个沧海桑田。

## 菩萨蛮

春云吹散湘帘雨，絮粘蝴蝶飞还住。人在玉楼中，楼高四面风。

柳烟丝一把，暝色笼鸳瓦。休近小阑干，夕阳无限山。

康熙十四年（1675），颜氏生下一子，取名富格，容若成了父亲。

细雨绵绵，春色如故，飞絮、蝴蝶、柳丝，一个都不少，今年依旧去年春。

玉楼中,颜氏还在爱着,等待着……

## [3] 伤心合是樱桃侣

结交知己,容若有自己的原则。

明珠府的朱门前,站着形形色色的人物,其中有附庸风雅之人,亦有王孙贵族之辈,大都是刻意结交明珠父子,一味攀附,一味谄媚,以求达到自己的目的。对于这种人,容若绝不会结交。

徐乾学在神道碑中言:"客来上谒,非其愿交,屏不肯一觑见,尤不喜接软熟人。"容若所交之友,大都是惺惺相惜的文人雅客,无论是布衣,还是权贵,只要能得到心灵上的切合,便是他心之所求。

康熙十四年(1675),一位五十多岁的老人来到京城,因诗文与容若相谈甚欢,后结为知己。

此人便是严绳孙,字荪友,号秋水,生于明天启三年(1623)。严绳孙的祖父严一鹏,曾在明朝任刑部侍郎,父亲严绍宗是明朝的贡生。明朝灭亡后,严氏家族隐居不仕,作为明朝旧臣之子,严绳孙一直抗拒清朝的科举考试,纵有天纵之才,也绝不入朱门。自二十多岁时,他便开始游历山河,与朱彝尊、姜宸英被誉为"江南三布衣",与邑中顾贞观、秦松龄等十人结云门社,时称"云门十子"。

曾有一段时间，严绳孙常住于容若家中，严绳孙曾言："初，容若年甚少，于世无所措意。既而论文之暇，闲与天下事，无所隐讳。比岁以来，究物情之变态，辄卓然有所见于其中。或经时之别，一再接其绪论，未尝使人不爽然而自失也。"

二人虽未曾入仕，却心怀天下事，探讨诗文之时，总会对时局分析一二。历史如一条长河，改朝换代不过是长流中的一层涟漪，严绳孙为明朝遗老，从未执着于反清复明，只是叹息旧朝兴亡，事物更替。

这年盛夏，听闻京城一处的红姑娘开得极好，容若便邀好友一同去赏花。

红姑娘，又称酸浆，六七月开花，果实呈红色，酸甜可口。《元故宫记》曾这样描述："金殿前有野果，名红姑娘，外垂绛囊，中空有子，如丹珠，味酸甜可食，盈盈绕砌，与翠草同芳，亦自可爱。"由此可见，早在很久以前，便有这种果实。今日，他们的赏花之地正是元代故宫。明代时期，元大都北城垣已被废弃，但并非拆除，任其自生自灭，到了清朝末期，遗迹已经完全消失。

陈旧的城垣落满了尘土，唯有红姑娘盛开艳丽，红得刺目，红得惊心。两个人并肩行走，一路赏花，一路沉默，乱花迷住了行人眼，却未曾迷住诗人的心，此时，二人心中皆浸着几分忧愁。

**眼儿媚·咏红姑娘**

骚屑西风弄晚寒,翠袖倚阑干。霞绡裹处,樱唇微绽,靺鞨红殷。

故宫事往凭谁问,无恙是朱颜。玉墀争采,玉钗争插,至正年间。

这是赏花之词,又是怀古之词。

骚屑,为风声之意,汉时刘向《九叹·思古》中有言:"风骚屑以摇木兮,云吸吸以湫戾。"

西风萧瑟,浸着微微的寒意。绿叶如袖,斜倚栏杆,好似少女之姿,花冠如丝织品,花朵绽放,殷红如玛瑙石,甚是好看。此处是写红姑娘之态,红绿相映,不知引得多少人沉醉其中。容若随手摘下一朵红姑娘花,眼中的欢喜只停留了片刻,下阕,气氛瞬间由喜转悲。

一句"故宫事往凭谁问",是质问,也是自问。当年,那些发生在故国宫殿里的往事还能向谁询问?所有的人与梦皆化为乌有,繁华落尽,便是尘埃。历史的沉重感随之而来,曾经的雕栏玉砌,此刻已为废墟,三百多年后,留下了什么?除了荒凉的宫苑,便是这殷红的花朵。

至正年间,宫殿前的红姑娘争相盛开,娇艳动人,宫女们时常会采花插戴,那场面何其热闹。如今,花开依旧,采花之人早已不在人世。

词中,提到了"至正年间",至正,即元惠宗顺帝的第三个年号,正是元末。元顺帝孛儿只斤·妥懽帖睦尔昏庸无能,挥霍无度,又逢灾荒四起,致使国库空虚。于是,大臣提议更改钞法,开铸铜钱,由于"每日印造,不可数计",引起通货膨胀,民不聊生,怨声载道。最后,各地百姓纷纷起义,元代灭亡。任何一个朝代的灭亡都少不了天灾与人祸,明朝末年亦是如此。崇祯元年(1628),赤地千里,寸草不生,瘟疫爆发,旱蝗并灾,最后各地民变成了压倒王朝的最后一根稻草。

容若引史入词,悲往昔,叹今朝,忧人世,这便是词人的愁肠。

严绳孙细读之后,反复念着"朱颜"二字,叹道:"李后主《虞美人》中有'雕栏玉砌应犹在,只是朱颜改'。此乃南唐李后主绝笔,容若用'朱颜'二字,可是想到了南唐国破?"

容若点了点头。"知我者,荪友也。昔日,南唐故国何等兴盛,或风花雪月,或舞文弄墨,或儿女情长,可惜家国山河终毁于一旦,李后主沦为亡国之君,受尽屈辱,一句'朱颜改',悲叹多少物是人非。"

容若深爱李后主的诗文,每每提及,总是言辞激动,而后又是一阵叹息,眼中透着几分苍凉。爱着一个人的诗,怜着一个人的结局,这就是容若的崇拜方式。他自幼痴迷李后主之词,诗文多有后主之精髓,又不失纳兰之风。

严绳孙读了容若的词,当即也写下一首词。

### 眼儿媚·咏红姑娘

珊枕寒生夜来霜。犹自可人妆。绛仙呵手,红儿偷眼,斜倚纱窗。

伤心合是樱桃侣,零落郑家香。生生长共,故宫衰草,同对斜阳。

同一词牌名,上阕写花,下阕叹史。此时,严绳孙又想到了什么?是明朝的灭亡,还是清朝的兴起?一个知命之年的老人,面对元代故宫,是否会想起明代故宫?故国山河,犹如一场破碎的梦,此刻,他心中的伤痕,唯有容若知晓。

斜阳下,衰草连绵,花开娇艳,这一草一花不知要共存多少年……

那年,容若得到一幅《芦洲聚雁图》,立即邀好友严绳孙同赏。

这幅画的作者是朱芾,元末明初人,字孟辨,自号沧洲生,善绘芦雁。这幅名画不知被多少人收藏过,几经流转,如今到了容若手中,他视若珍宝,当即写下一首题画词。

### 满庭芳·题元人芦洲聚雁图

似有猿啼,更无渔唱,依稀落尽丹枫。湿云影里,点点宿宾鸿。占断沙洲寂寞,寒潮上、一抹烟笼。全不似,半江瑟瑟,相映半江红。

楚天秋欲尽,荻花吹处,竟日冥濛。近黄陵祠庙,莫采芙蓉。我欲行吟去也,应难问、骚客遗踪。湘灵杳,一尊遥酹,还欲认青峰。

根据上阕的描写,可以清楚地知晓画中之景:大雁聚集在芦洲之上,芦苇丛生,此处,似乎有猿猴的啼叫声,却又听不到渔人的歌声,只有快要落尽的红色枫叶。这是极为静谧之处,除了芦洲、大雁,再无其他红尘俗物。寒冷的湿气从水面上升起,大雁在此徘徊,寻找栖身之地。大雁占领沙洲,更显孤寂,寒潮上,朦胧烟水。画中芦洲之景,并不似往日诗文中所言"半江瑟瑟半江红",而是"草木黄落兮雁南归"。

秋日终于到了尽头,荻花飘零,幽暗不明。这楚天湘水之景让容若联想到了三个人,分别是娥皇、女英、屈原。

黄陵祠庙,传说舜帝有二妃,分别为娥皇、女英,黄陵祠庙便是二妃之庙。

"我欲行吟去也,应难问、骚客遗踪"语出《楚辞·渔父》,原句为:"屈原既放,游于江潭,行吟泽畔。"骚客,正是指屈原。

"湘灵"一词出自《省试湘灵鼓瑟》:"流水传潇浦,悲风过洞庭。曲终人不见,江上数峰青。"相传,舜帝南巡之时,死于苍梧之野,娥皇、女英南下寻夫,得知夫君已死,悲痛之下,投湘水而亡,化为湘水女神。

由帝妃到骚客,由传说中的人物到历史中的人物,皆是对楚天湘水中所有亡灵的一种祭奠。一尊遥酹,祭亡者之魂。

容若的题画词是在写画,而严绳孙的题画词是在写情,赏画之人心境各有不同,两首题画词也各有千秋。

严绳孙为此画题词《南浦》。

### 南浦·题朱孟辨芦洲聚雁

生绡淡墨,向人心、谱出许多愁。剩有垂杨金缕,几叶下寒流。隐隐渔灯生处,锁潇湘、一派荻花秋。问宾鸿点点,稻粱何在,生占白蘋洲。

回首西风故国,有芙蓉、塘外月如钩。应是千帆数尽,人倚隔江楼。此际离魂归去,正谁家、水调唱歌头。甚无情图画,烟中不著一扁舟。

词中提到"许多愁""故国",看着这幅画,他定是又怀念故国,那图中的大雁,不正是自己吗?

可叹"甚无情图画,烟中不著一扁舟",这画中有山、有水、有雁,却无一叶扁舟。

画中雁,徘徊云影,栖身孤单,画外人,江湖漂泊,独倚阑干。

庆幸,他遇见了容若。

容若,便是他的扁舟。

严绳孙曾言:"始余以文字交于容若时,容若方举礼部,为应时之文。"

他们因文结缘,不问出身,只谈风雅。

那些年，他居住在明珠府，夜夜促膝长谈，只觉四季太短，有幸相交。

严绳孙曾作《移寓成容若进士斋中作》，诗云："两年风雨客金台，宛转浮生浊酒杯；画角晓听浑已惯，玉河秋别却重来。朱门月色寻常好，青镜霜华日夜催；但得新知倾盖意，不妨双屐卧苍苔。"

从未想过，朱门月色如此皎洁。

从未想过，朱门公子如此出尘。

后来，经严绳孙的介绍，容若结识秦松龄，同成忘年之交。此人生于崇祯十年（1637），字汉石，又字次椒，号留仙，乃是王次回的外孙。世间的缘分就是这么巧妙，不必寻找，不必等待，缘分自会到来。

## ［4］然诺重，君须记

### 风流子

十年才一觉，东华梦、依旧五云高。忆雉尾春移，催吟芍药，魑头晚直，待赐樱桃。天颜近，帐前兮玉珌，鞍侧委珠袍。罢猎归来，远山当镜，承恩捧出，叠雪挥毫。

宋家墙东畔，窥闲丽，枉自暮暮朝朝。身逐宫沟片叶，已怯波涛。况爱闲多病，乡心易逐，阻风中酒，浪迹难招。判共美人香草，零落江皋。

这首《风流子》写于康熙十年（1671），作者是无锡词人顾贞观，原名华文，字远平、华峰，亦作华封，号梁汾。此人是顾宪成四世孙，顾宪成曾有名句流传于世："风声雨声读书声声声入耳，家事国事天下事事事关心。"

康熙十年（1671），容若十七岁，并不识顾贞观。只是，偶然间读到了这首词，才知一位才子受尽官场的排挤冷待，黯然离京。

容若知道，词人并非心灰意冷，他一定会回来。

五年后，康熙十五年（1676），顾贞观入京了。

他找到徐乾学、严绳孙，迫切地恳求道："我想结交容若公子。"

这一次，顾贞观如此奔波，是为营救好友吴兆骞，听闻纳兰明珠权倾朝野，其子擅诗文，若是与容若相交，说不定可救出好友。那时的顾贞观已是心急如焚，一心只想利用纳兰家的权势解救好友，并不知容若对自己的才华仰慕已久。

渌水亭，经过徐乾学、严绳孙的介绍，顾贞观与容若相见，作揖行礼后，便是彻夜长谈。

那日，他们谈到词坛大家龚鼎孳，谈到王次回，谈到古往今来的风流名士，只觉相见恨晚。容若是那般真诚、谦和，将顾贞观奉为上宾，以礼相待。

他果真不似寻常王孙贵族，举止优雅，不骄不傲，既有赤子之心，又有侠者风范。

顾贞观静静地看着容若畅谈的样子,像什么呢?像孩子……

如今,这样的君子已然不多。

顾贞观不禁心生愧意,他怀目的而来,没想到容若竟以诚心相待。那日,他没有提起吴兆骞之事,只是怀着一颗真心,与容若相交。

人生能得几知己!

分别之后,容若心中的激动还未散去,他提笔在《侧帽投壶图》上题写了一首《金缕曲》,派人交到顾贞观手中。

### 金缕曲·赠梁汾

德也狂生耳。偶然间,缁尘京国,乌衣门第。有酒惟浇赵州土,谁会成生此意。不信道、遂成知己。青眼高歌俱未老,向尊前、拭尽英雄泪。君不见,月如水。

共君此夜须沉醉。且由他,蛾眉谣诼,古今同忌。身世悠悠何足问,冷笑置之而已。寻思起、从头翻悔。一日心期千劫在,后身缘、恐结他生里。然诺重,君须记。

开头一句"德也狂生耳",一改往日的愁绪悲伤,颇有豪放之气。徐釚在《词苑丛谈》中评价道:"词旨嵚崎磊落,不啻坡老、稼轩,都下竞相传写。于是教坊歌曲间,无不知有《侧帽词》者。"此意是在说《金缕曲》的词风与苏轼、辛弃疾极为相似,教坊歌曲间,没有不知纳兰成德的人。

德，自是指成德。难以想象，容若竟用了"狂生"二字，那个温温如玉的公子，忽然变成了狂放不羁的侠士。谁的青春不轻狂？吾本狂生，那个风华正茂的少年又回来了！

"偶然间，缁尘京国，乌衣门第。"这句是对自己身世的评价，他出身名门望族，出入皆是权贵，只是，这种命运不过是"偶然间"罢了！若是可以选择，他绝不会投生乌衣门第，若能结交天下名士，宁愿出身苦寒。写下这句话，只为告诉顾贞观，自己绝不是一般的膏粱子弟，希望友人不要误解他。

若不识容若者，只怕听到"明珠之子"四字，便会嗤之以鼻，哪里还会深交。愿与容若结交者，大都是知他、懂他的人。

"有酒惟浇赵州土"用到了平原君的典故。平原君，嬴姓，赵氏，战国时期赵国的宗室大臣，和齐国孟尝君田文、魏国信陵君魏无忌、楚国春申君黄歇合称"战国四公子"，其人贤明，善于养士，门客多达数千人，其中最有名的门客便是毛遂。

唐李贺有诗云："买丝绣作平原君，有酒惟浇赵州土。"意思是说，后世的人买来丝线绣一幅平原君的画像，再取一壶好酒浇在赵州旧土上，以此祭奠平原君。此处，容若引用李贺的诗，同样是怀着一颗对惜才之人的敬佩。不过，李贺写诗时怀才不遇，满心苦闷，渴望遇见一位"平原君"。而容若是一心求友，渴望成为"平原君"。可叹的是，李贺无缘遇见容若，若是他与容若生于同一个时代，何愁遇不到知己。

这句话还有另一层含义,顾贞观半生仕途坎坷,康熙十年(1671)曾受同僚排挤,落职归里,自称"第一飘零词客"。容若懂得他的失意、他的迷茫、他的惆怅,一句"有酒惟浇赵州土"包含了太多的情感。

翩翩浊世之佳公子,如此感性,如此孤独,如孩子般渴望得到一个知己。"谁会成生此意",普天之下,谁会懂得成德的这片心意?他只想以真心换真情。

幸好他遇到了顾贞观,一见如故,已是狂喜不已。容若在词中写道:"不信道、遂成知己。"万没想到今生能遇到你这样的人,还成了知己。当时,他一定激动万分,多少言语都无法表达心中的欢喜。

之后,词中又用了"青眼"的典故。魏晋时期,竹林七贤之一的阮籍能做"青白眼",青眼就是黑眼,双目正视,相反,两眼斜视,便是"白眼"。阮籍为人放荡不羁,若遇到谦谦君子,便以青眼相待;若遇到心机小人,便以白眼相待。相传阮籍的母亲过世之时,嵇康的兄长嵇喜前来致哀,因嵇喜身居官场,古板守礼,阮籍便给了对方一个大大的白眼。后嵇康入门,此人与阮籍一样性情自由,蔑视权贵,嵇康挟一酒一琴来到灵堂,阮籍立即起身相迎,青眼待之,并道:"你是想用美酒和琴曲送别我的母亲?"

阮籍与嵇康是忘年之交,容若与顾贞观亦是如此,容若二十二岁,顾贞观四十岁,年龄并未成为沟壑,他们依旧成为挚友。

杜甫《短歌行》有句云："仲宣楼头春色深，青眼高歌望吾子，眼中之人吾老矣。"容若化用诗句，表达他们正值盛年，趁彼此还未老去，应纵酒高歌，挥毫洒墨。

那日，他们举杯痛饮，一杯杯凉酒入喉，心底又泛起苦涩。多少豪杰梦毁于尘世间，曾经谁不是春风得意马蹄疾，一心报国志，只是终究败给了现实。那一滴英雄泪，又是谁为谁拭去？

月光如水，他们望着月光，忘却今夕是何年……

那夜，那么冷，那么伤。

容若端起酒盏，轻声道："共君此夜须沉醉。"

今夜，君须醉，唯有醉，才能"且由他，蛾眉谣诼，古今同忌"。

屈原的《离骚》中有一句："众女嫉余之蛾眉兮，谣诼谓余以善淫。"白话文即是：小人忌妒"我"的才能，诽谤污蔑说"我"是行为不端之人。

古往今来，多少贤德之人因谣言而被排挤，一生抑郁不得志。容若能有此句，是想劝慰好友，事已至此，既无法改变，倒不如醉得不省人事，醉了，自得清静，且醉且逍遥。

在残酷的现实面前，有人选择隐居，有人选择醉酒，这并非逃避，只是以另一种方式抗争，这是无声的抗争，是不能言明的痛苦。文人怀才不遇，是谁之过？朝廷、帝王，还是不公的制度？他们皆是心知肚明！

从顾贞观的经历中，容若也联想到了自己的身世。"身世悠悠何足问,冷笑置之而已。"一个人的身世当真如此重要?绝不是!过去的终是过去,未来的何须担忧,人生岂能一世无忧,那些伤痛与苦难何必执着于心间,冷笑一声,放下便是。

"寻思起、从头翻悔。"若是思来想去,便会耿耿于怀,甚至会觉得人生从一开始便是错的。

身世、命运,不知困扰了容若多少年。从小到大,贵族的身份带给了他什么?除了压力,还是压力。他多么不屑于那个"明珠之子"的身份,出身是他的痛,浊世是他的劫。若没有遇到顾贞观,这份长痛不知要持续多久,可能十年,可能二十年,也可能是一生。

幸得知己!容若从未如此欢喜,那日,他醉了,揽清风入怀,抱明月长笑,笑得像个孩子。

"一日心期千劫在,后身缘、恐结他生里。"这一日,结为知己,这份情谊定要地久天长。容若又觉得余生太多,便想缘结他生,来世还要相见。后来,容若给顾贞观的另一首词《大酺·寄梁汾》中也有"来生"之句:"相思何益,待把来生祝取,慧业相同一处。"

若非今生短暂,怎会期望来生?

容若握住他的手,郑重地道:"然诺重,君须记。"

这份诺言,请务必牢记心中。

顾贞观读着这首词,字字真情,情深义重,顿时心生感叹:这位容若公子,不正是自己苦苦寻觅的知己吗?

于是,他和容若的韵脚,也写下一首《金缕曲》。

**金缕曲·赠容若见赠，次原韵**

且住为佳耳。任相猜、驰笺紫阁，曳裾朱第。不是世人皆欲杀，争显怜才真意。容易得、一人知己。惭愧王孙图报薄，只千金、当洒平生泪。曾不直，一杯水。

歌残击筑心欲醉。忆当年、侯生垂老，始逢无忌。亲在许身犹未得，侠烈今生已已。但结托、来生休悔。俄顷重投胶在漆，似旧曾、相识屠沽里。名预籍，石函记。

这首词句句对应容若的《金缕曲》，容若在词中自比平原君，顾贞观便自比侯嬴。

春秋战国时期，魏国的信陵君魏无忌也是礼待下士之人，听闻大梁夷门有位七十多岁的守门人侯嬴，此人乃是贤能的隐世高人，便备下厚礼，专程登门拜访。侯嬴却拒绝道："我几十年来修身养德，终不会因我家中清贫而接受公子的厚礼。"侯嬴老而被识，无功不受禄，洁身自好，深得信陵君的信任。

一日，信陵君举办酒宴，亲自驱车去夷门请侯嬴，为了表示敬重之意，他将尊贵的左边座位空出来，让给侯嬴坐。侯嬴也不推辞，直接坐在了左边座位上。途中，侯嬴让信陵君停车，说："我有一个好友在集市里卖肉，委屈你一下，随我同去看看我的好友。"信陵君欣然答应，赶车来到集市，侯嬴也不顾信陵君着急与否，站在那里便与友人朱亥谈笑起来。府上的宾客都在等待信陵君，随从催促三番，信陵君还是默默等待侯嬴。围观的百姓们都在心中暗暗责备侯嬴，侯嬴却不紧不慢地回到车上。到了信陵君府中，信陵君把侯嬴介绍给宾客，宾客们瞧见等了半日的人竟是身份卑微的守门小吏，纷纷觉得被耍弄，一脸不悦。这时，侯嬴对信陵君恭敬地道："刚才我之所以故意为难你，其实是想看看你是否如传闻中的那样。我本是守门人，不配劳烦公子亲自驾车去接，而公子却接了。之后，我招摇过市，引人围观，是为让人们知晓你是礼待下士之人。"闻言，信陵君更是万分感动，侯嬴又告诉信陵君，"朱亥乃是智勇双全之人，可惜世人并不了解他，无奈之下，才隐于市井。"于是，信陵君又想把朱亥引为门客，数次登门未果，心觉此人古怪。

公元前257年，秦国攻打赵国，赵国请求魏国救援。魏王胆小，不敢出兵，信陵君不愿赵国被秦所灭，便自己筹集军马，带门客援助赵国。途经夷门时，侯嬴并未跟随信陵君，信陵君疑惑不解，后又返回夷门，质问侯嬴，侯嬴道："世人皆知公子重名士，如今危难之际，不发挥名士所长，反要他们去与秦军拼命，岂不是羊入虎口？"信陵君听后，忙向侯嬴请教，侯嬴给出一条妙计，从魏王的宠姬那里要来了虎符，又让朱亥跟随信陵君，一同到晋鄙那里夺取兵权。信陵君依计行事，又去请朱亥，这一次，朱亥毫不犹豫地答应，并道："公子几次拜访我，我不曾回拜，已是失礼。今日，公子有求于我，我愿跟随公子，万死不辞。"

万事俱备之时，侯嬴料想信陵君此去必定无法归来，也确定信陵君会留在赵国，而他一人在魏国，魏王追究下来，也是凶多吉少，便对信陵君说："臣宜从，老不能，请数公子行日，以至晋鄙军之日，北乡自刭，以送公子。"信陵君到达晋鄙那一日，侯嬴果真守诺自刎。

士为知己者死，最后一挥剑，便是对信陵君最好的报答。

"忆当年、侯生垂老，始逢无忌。"垂老之时的侯嬴与不惑之年的顾贞观何其相似！这般年岁，幸能遇到知己。"亲在许身犹未得，侠烈今生已已。"愿结为生死之交，将生命交托。

《清稗类钞》中记载："容若风雅好友，座客常满，与无锡顾梁汾舍人贞观尤契，旬日不见则不欢。梁汾诣容若，恒登楼去梯，不令去，不谈则日夕。"

读到"不见则不欢"，才知男人之间也有一日不见如隔三秋的思念。

既遇知己，一醉方休。

渌水亭中，挥墨成诗，一唱一和，两首《金缕曲》传遍京师，他们的故事才刚刚开始……

## ［5］绝塞生还吴季子

问君几多愁？问君几徘徊？

谈笑间，心思细腻的容若察觉到了顾贞观藏着无法言明的心事，于是，他又赠顾贞观一首《金缕曲》。

### 金缕曲·再赠梁汾，用秋水轩旧韵

酒涴青衫卷，尽从前、风流京兆，闲情未遣。江左知名今廿载，枯树泪痕休泫。摇落尽、玉蛾金茧。多少殷勤红叶句，御沟深、不似天河浅。空省识，画图展。

高才自古难通显。枉教他、堵墙落笔，凌云书扁。入洛游梁重到处，骇看村庄吠犬。独憔悴、斯人不免。袞袞门前题凤客，竟居然、润色朝家典。凭触忌，舌难剪。

顾贞观低吟着词句，抬头望向北方，又是一阵叹息。

功名利禄于他而言，皆是浮云，他真正要的唯有让一人平安归京。

又是一个雪夜。

京城千佛寺的屋檐上落满了积雪，寒风凛冽，白雪纷飞，空气中浸着刺骨的寒气。静谧的夜，万物都已沉睡，唯有一处安静的禅房还亮着孤灯，笼罩着一层淡淡的昏黄，为这寒冬添了一丝温暖。

房内，顾贞观翻出一封泛黄的书信，《上父母书》："宁古寒苦天下所无，自春初到四月中旬，大风如雷鸣电激咫尺皆迷，五月至七月阴雨接连，八月中旬即下大雪，九月初河水尽冻。雪才到地即成坚冰，一望千里皆茫茫白雪。"

这封信是好友吴兆骞写给父母的书信，后有人抄录给他。他便一直留在身边，每逢风雪交加之时，便要拿出来，一字字细读，读后，又是痛心疾首，恨自己无法代好友受苦。

吴兆骞，字汉槎，号季子，出身书香世家，才华横溢，与华亭彭师度、宜兴陈维崧并称为"江左三凤凰"。顺治十四年（1657），发生丁酉科场案，此案起因是有人向皇帝参奏考试中有人受贿舞弊。科举考试，竟有考官公然在考场内互相翻看试卷，按照事先拟定好的名单决定取舍，引起众怒，考生纷纷到文庙去哭诉。顺治帝闻之大怒，查明以后，处斩考官数十人。吴兆骞本已考中举人，却因此案奉旨入京参加复试。复试之时，武士持刀而立，吴兆骞战栗未能终卷，革除举人名，责四十板，家产籍没，流放宁古塔。

这一去，便是二十年之久。

宁古塔位于黑龙江省，常年冰封。流放之人，几乎是九死一生，吴兆骞又是江南人士，如何受得了刺骨之冷？吴兆骞曾在给顾贞观的信中写道："塞外苦寒，四时冰雪。鸣镝呼风，哀笳带血。一身飘寄，双鬓渐星。妇复多病，一男两女，藜藿不充。回念老母，茕然在堂，迢递关河，归省无日。"

不敢想象，几十年的时光，吴兆骞是如何度过的！边塞之地，漂泊异乡，好友写下的诗文如一把利刃深深插进顾贞观的心，为救好友，顾贞观的半生都在四处奔波求人，然而，每次都是失望而归。

后来，他得知明珠之子有君子之风，便知有了希望。可见到容若之时，他又不想让那份纯粹的友情掺杂太多利用，于是，在容若面前，他从未提起"吴兆骞"三个字。

那份痛藏于心中，只是又能藏多久？

这年冬，顾贞观终于还是忍不住心中的痛楚，写下了两首《金缕曲》，一份送去塞外，一份送去明珠府。

### 金缕曲·其一

（寄吴汉槎宁古塔，以词代书，丙辰冬，寓京师千佛寺，冰雪中作。）

季子平安否？便归来，平生万事，那堪回首！行路悠悠谁慰藉，母老家贫子幼。记不起，从前杯酒。魑魅搏人应见惯，总输他，覆雨翻云手。冰与雪，周旋久。

泪痕莫滴牛衣透，数天涯，依然骨肉，几家能够？比似红颜多命薄，更不如今还有。只绝塞，苦寒难受。廿载包胥承一诺，盼乌头马角终相救。置此札，君怀袖。

### 金缕曲·其二

我亦飘零久！十年来，深恩负尽，死生师友。宿昔齐名非忝窃，试看杜陵消瘦。曾不减，夜郎僝僽。薄命长辞知己别，问人生到此凄凉否？千万恨，为君剖。

兄生辛未吾丁丑，共此时，冰霜摧折，早衰蒲柳。词赋从今须少作，留取心魂相守。但愿得，河清人寿！归日急翻行戍稿，把空名料理传身后。言不尽，观顿首。

最感人的词句便是用朴实的文字凝聚深情，两首词荡气回肠，像是一首思念的歌，从京师飘去了塞外。他道出了自己在京城的担忧，又道出了好友在塞外的痛苦，见惯了落花，见惯了冬雪，旧燕已归，为何故人还不归？

盼来盼去，终是一场空。

他叹"我亦飘零久"，这二十年来，四处漂泊，如大海中的孤舟，无处停靠。此时，他身在京师，为明珠府的门客，衣食无忧，再想起好友正在宁古塔受苦，心中又是一阵愧疚。

昔日好友未得自由，自己怎得安眠！

窗外，银装素裹，他在想：何时春暖花开？

明珠府，容若缓缓打开书信，细读着那两首《金缕曲》，心中的疑惑豁然开朗，如今才知好友为何愁眉不展，叹道："河梁生别之诗，山阳死友之传，得此而三！"

吴兆骞流放出京之时，容若年仅五岁，素不相识，毫无交集。但是，就是因为这两首《金缕曲》，容若愿倾尽全力相助"友人之友"。

纳兰容若一片赤子之心，说救便救。

他承诺："五年，给我五年的时间，我必定能办成此事。"

那日，暖阳融化了冬日的冰雪，容若提笔又作一首《金缕曲》。

## 金缕曲

洒尽无端泪,莫因他,琼楼寂寞,误来人世。信道痴儿多厚福,谁谴偏生明慧?莫更著,浮名相累。仕宦何妨如断梗,只那将、声影供群吠。天欲问,且休矣!

情深我自拚憔悴。转丁宁、香怜易爇,玉怜轻碎。羡杀软红尘里客,一味醉生梦死。歌与哭、任猜何意。绝塞生还吴季子,算眼前、此外皆闲事。知我者,梁汾耳。

这首词,还有一个标题:简梁汾,时方为吴汉槎作归计。

"洒尽无端泪",酒入愁肠,化作多少惆怅泪。那一夜,又是谁醉得不省人事?宦海沉浮,命途多舛,容若只想劝一句:"莫更著,浮名相累。"君本智者,何必在意世上浮名。

断梗,断枝,即谓"桃梗"。《战国策·齐策》中记载:苏代对孟尝君说:"今者臣来,过于淄上,有土偶人与桃梗相与语。桃梗谓土偶曰:'子,西岸之土也,挺子以为人,至岁八月,降雨下,淄水至,则汝残矣。'土偶曰:'不然。吾西岸之土也,土则复西岸耳。今子东国之桃梗也,刻削子以为人,降雨下,淄水至,流子而去,则子漂漂者将如何耳?'"桃梗喻为漂泊无定之物,容若词中的"仕宦何妨如断梗",可理解为仕途如同断枝,微不足道。

上阕为宽慰之语,下阕为君子之诺。

容若以词立誓,"绝塞生还吴季子,算眼前、此外皆闲事"。

从今往后,他以营救吴兆骞为重任,其余之事皆是闲事。这是一个文人的承诺,更是一个知己的承诺,能明白这份承诺的人,怕是只有顾贞观了!

"知我者,梁汾耳。"他们从来不需要过多的语言,你一言,我便信,这便是友情。

顾贞观信容若,他说能做到,就一定能做到。

他们饮着酒,赏梅观雪,静等寒冬过去……

雪化了,便是春天。

康熙十六年(1677),容若编辑了词作,刻版印刷,取名《侧帽词》。"侧帽"一词出自《北史·独孤信传》:"信在秦州,尝因猎日暮,驰马入城,其帽微侧。诘旦,而吏人有戴帽者,咸慕信而侧帽焉。其为邻境及士庶所重如此。"

北周名将独孤信,样貌俊美,擅长骑射。某日,独孤信出城打猎,回来时,风吹歪了帽子,因急着进城便没有理会,次日,大街上皆是效仿他侧帽而行之人。

容若为顾贞观写的第一首词便是题《侧帽投壶图》,纳兰公子轻衫侧帽,本就是如独孤信一般的风流人物。普天之下,堪当"侧帽"二字的文武双全之人又有几人?容若,尘世中的翩翩公子,他的词作早已如独孤信的"侧帽"般传遍天下。

这一年,容若和顾贞观开始汇编《今初词集》,选明末清初至康熙十六年(1677)这三十年间的词作,词人一百八十四人,词作六百余篇。其中,陈子龙二十九首,位居第一;龚鼎孳二十七首,位居第二;顾贞观二十四首,位居第三。之后,还有吴绮、朱彝尊、宋征舆等,容若的词作十七首。

渌水亭中逢知己,玉楼之中逢贤妻。容若何其幸福,这幸福又是何其短暂。

卷六　当时只道是寻常

## [1] 谁念西风独自凉

康熙十六年(1677),容若一生的痛。

四月,康熙帝撰写《大德景福颂》,书锦屏之上,进太皇太后,容若为父亲代笔,写《拟御制大德景福颂贺表》:"瑶池高宴,白云飞长乐之宫;骞树清歌,玉霞映濯龙之殿。青瞳白发,下金母于西池;琼佩仙裾,联婺光于南极。"

贺寿之文大都是华丽的辞藻堆积而成,先是称赞盛世,再是称赞寿星,无论写作水平如何,最后都能让统治者大加赞赏。这已经不是容若第一次为父亲代笔了,康熙十五年(1676)立太子时,容若便代父亲写了《拟设东宫官属谢表》。容若默默提笔,书写这些文字时,便等于以另一种方式参与政治。他是纳兰明珠的长子,许多事情必须由他来做。

这篇《拟御制大德景福颂贺表》,为纳兰家族带去了不少的荣耀,明珠府一片欢声笑语,皓月依旧,容若的手轻轻地放在卢氏隆起的小腹上,含笑问:"你猜这是男孩还是女孩?"

卢氏想了想,柔声道:"男孩,真希望他如你一样。"

"如我一样？"他眉宇间闪过一丝忧伤，望着偌大的宅院，轻叹着，"我有什么好？"

卢氏握住他的手："你在，便好。"

清风袭来，梨花、桃花簌簌而落，红的红，白的白，人间四月天，多少离人泪。

去年的某一日，卢氏开始嗜睡、畏寒，请了郎中来号脉，才知竟是喜脉。这是纳兰家最大的喜事，明珠又要做祖父了，容若又要做父亲了，颜氏之子富格要做兄长了。所有人都在期待这个新生命的到来，若为男孩，便是容若的嫡子，日后前途无量；若为女孩，便是嫡女，日后万千宠爱，这孩子便是叶赫那拉家族的希望。

草木芬芳，风过回廊，卢氏时常会依偎在容若怀中，在他耳畔轻轻细语，说着关于未来的梦："以后，你教孩子诗文，我教孩子操琴，我们不要用世俗的规矩束缚他，我希望他可以活得逍遥自在。"

"好，我答应你。"这也是容若的心愿。

女子怀胎十月，最是辛苦。白日里，即便没有食欲，为了腹中的孩子，也要强忍着咽下一口食物。到了晚上，腰酸腿痛，躺也不是，坐也不是，辗转难眠。到了七个月时，连穿衣、穿鞋都会感到吃力，偶尔还会憋气、心慌，不管郎中开多少药方，也缓解不了。

容若看在眼里，痛在心里，他分担不了卢氏的辛苦，只能无微不至地照顾她、陪伴她，将安胎药一勺勺喂给她，再往她嘴里塞进一颗甜甜的蜜饯。后来，她开始拿起针线，给孩子缝衣、绣鞋，一针一线，皆是她对那个孩子的爱。

窗前月下，他们携手走过最漫长的十个月。

终于，到了临盆之际。

暖阁中传来撕心裂肺的叫声，一声声如刀割在容若的心头，他的双手紧紧相扣，脑中一片空白，看见熟悉的人也语无伦次，一双眼睛直直地盯着暖阁的门。自古以来，女人产子便如同在鬼门关中走一遭，这一日，可能是大喜，也可能是大悲。

叶舒崇在《卢氏墓志铭》中写："产同瑜珥，兆类罴熊。乃膺沉痼，弥月告凶。"

卢氏终究没能挺过那一关，先是难产，经历了一天一夜的疼痛，产下一子后，又患了重病。病痛折磨了这个女子整整一月，她骨瘦如柴，面容憔悴，最后，已是连睁眼的力气都没有。

容若一直守在卢氏身边，看着心爱的女子日渐消瘦，心早已沉入深海。每一日，都是坏消息；每一日，都是煎熬。

卢氏静静地躺在床榻上，面色如纸，呼吸微弱。郎中诊脉后，连连摇头、叹息，低声对容若说了八字："病入膏肓，疾不可为。"

闻言，府中之人先是沉默，接着便是叹息，明珠夫妇早已背过身去，偷偷拭泪。

而容若，他缓缓握起卢氏的手，俯下身，贴着她的耳畔，温柔地说道:"郎中说,你会痊愈的,一定会的。"

他从未说谎,这是他第一次说谎。

可是,这样的谎言怎能骗过卢氏?三年的相濡以沫,她太了解他,总能看到他隐藏起来的悲伤。但她并不想戳破他的谎言,她微微一笑,声音沙哑地说:"等我痊愈了,我为你弹奏《梅花引》。"

《梅花引》,又名《梅花三弄》《梅花曲》,那是夫妻二人最爱的古曲,陪伴他们度过了一年又一年的寒冬。如今,余音犹在耳畔,瑶琴却已落了灰尘,那弹琴之人的生命正慢慢走向尽头。床榻上,出生不足一月的婴儿就躺在母亲身旁,可怜卢氏连起身抱一下孩子的力气都没有,她只能偶尔睁开眼睛,瞧一眼孩子的模样,将他印在心里。

卢氏卧病之时,脑海中一遍又一遍地闪过这三年的点滴,自成婚之日起,她的生活便是繁花似锦,一切太过美好,美得不真实。那时候,她日日祈求苍天,希望这场美梦再久一些,希望浮生再长一些。

现在,她知道,梦该醒了。

可她放不下容若,放不下孩子,放不下这个家。若是她不在了,他一个人要如何走过未来的孤独岁月?她不敢再想下去,害怕这宁静的夜晚会因自己的泪水而破碎。悲伤过后,心中浮出一句话:人生若只如初见。

人生为何不能如初见一般美好?

也许,人生本就是充满了遗憾,谁也无法如初见那般明媚。

如果可以的话,她宁愿容若忘了自己,至少,她离去之时,他不会感到心痛。

五月三十日,这一日,庭前的荼蘼花谢了,开到荼蘼花事了,荼蘼之后,再无花开。

容若坐在她身旁,对她说了许多许多的话,直到她的呼吸停止……

卢氏殁了,走得如此安静,如来时一样。

从此以后,容若的心中再无花开。

雁过无痕,西风无情,生死茫茫无归期。

在命运面前,任何人都脆弱不堪,一个人的逝去,便意味着一个家庭的破碎。

这年秋,北风乍起,吹落一地黄叶。容若抱着孩子站在窗前,那孩子睁着一双明亮的眼睛望向蓝天,不哭不闹,极为安静。

### 浣溪沙

谁念西风独自凉,萧萧黄叶闭疏窗,沉思往事立残阳。

被酒莫惊春睡重,赌书消得泼茶香,当时只道是寻常。

是谁独自站在西风中感慨悲凉?窗外,黄叶萧萧,容若不忍见此萧瑟之景,只有紧闭轩窗,任由西风吹过了枯叶,留下一地伤。

自她离世后,他时常会一个人望着残阳,沉思往事。往事如一场绚丽的烟花,那般夺目,那般易逝,刹那的美丽后,便是无尽的黑暗。

"被酒莫惊春睡重,赌书消得泼茶香。"这不都是夫妻二人的点点滴滴吗?

李清照《金石录后序》云:"余性偶强记,每饭罢,坐归来堂烹茶,指堆积书史,言某事在某书某卷第几页第几行,以中否角胜负,为饮茶先后。中,即举杯大笑,至茶倾覆怀中,反不得饮而起,甘心老是乡矣!故虽处忧患困穷而志不屈。"

亭台水榭,清荷飘香,他们烹一壶茶,翻开一卷卷书籍,用比赛的方式决定饮茶先后,一人问某典故出自何处,一人回答,若答中,便可饮茶,赢的人往往因为太过欢喜,反而将茶水洒了一身,这便是"赌书泼茶"。

闺中之乐,何止画眉?茶香沾衣,饮酒赋诗,一茶一酒伴着他们岁岁又年年。可惜,这样的时光仅仅三年而已。

忆往昔,前尘旧梦皆为空,泪满衣襟,又叹一句:"当时只道是寻常。"

当时最为寻常的事情,如今想来,竟是弥足珍贵。世间多少繁华美好,走到尽头之时,都化为物是人非,那些寻常之事再也不能重现,那个逝去的人也终不会归来。最后一句,蕴藏着容若的怀念、悲哀、悔恨。如果,那时候,他能更爱她一些,多陪她一些,便也不会留下这么多遗憾。亡妻不可复生,而今才知,曾经的寻常之事何其重要,人们总说惜时,却不知时光早已从指缝间飞快地流逝,越是珍惜,越是易逝。

只是,还是不愿相信,你已离去。

那还未卷起的珠帘,还未散去的胭脂香,总是给人一种错觉,仿佛她还在人间。容若多么希望,自己推开书房的门,还会看见她捧着诗书,回眸微笑。现实却是,他永远看不到她了。

书桌上,放着她未读完的书,未写完的词,未作完的画。一切都如从前,只是人已经逝去。

那一刻,尚在襁褓中的婴儿听见了父亲的哭声。

今生,一番深情早已还不尽;来世,愿为梁间燕,岁岁年年常相见。

## 〔2〕为伊判作梦中人

卢氏是容若一生走不出的城,从此,他留在城里许多许多年,从寒至暑,望梨花,叹落雪,酒入断肠间。

午夜梦回,想的是她;陌上花开,念的是她。

那年,秋雨纷纷,谁独守庭院,等着一个永不会回来的人。佳人已逝,独留公子一人于人间,碧落黄泉寻不见,望断天涯路,终不得相见。相思是苦,相忘亦是苦。

明珠府,寂静的灵堂内只有僧人的诵经声,守灵之人身着素缟，跪在蒲垫之上，泣不成声。无数王公贵族前来祭奠，每每要开口宽慰几句时，看到容若怀中的婴儿，又将话生生咽了回去，他们都知道，多少话语都无法抚平一颗受伤的心。

夜里，容若整理着卢氏的旧物，绣针、绣线、徽墨、孤本，这些都是她生前最爱之物，沾染着她的气息，睹物焉能不思人？顷刻之间，泪满衣衫。

他写下人生第一首悼亡词——《青衫湿遍》。

### 青衫湿遍

青衫湿遍，凭伊慰我，忍便相忘。半月前头扶病，剪刀声、犹在银釭。忆生来、小胆怯空房。到而今，独伴梨花影，冷冥冥、尽意凄凉。愿指魂兮识路，教寻梦也回廊。

咫尺玉钩斜路，一般消受，蔓草残阳。判把长眠滴醒，和清泪、搅入椒浆。怕幽泉、还为我神伤。道书生薄命宜将息，再休耽、怨粉愁香。料得重圆密誓，难禁寸裂柔肠。

自从卢氏过世之后，他便不再掩饰自己的痛，所以，这首词的第一句便是"青衫湿遍"，因为想念，不知流了多少泪，濡湿整件衣衫！男儿有泪不轻弹，只是未到伤心处，最是倾城离人泪，无论男女，只要是至情之人，泪水皆让人心痛。"凭伊慰我，忍便相忘"，那些年，她对他的真情与安慰，让他怎能忘记。于他而言，卢氏便是光，带他走出过往，与他相约未来，她的善良、温柔，抚平了他曾经的伤。

半月前，她还强撑着身子，拿着剪刀，坐在灯下，带病裁剪衣衫。他劝她早些歇息，她却摇摇头，面容焦急地缝制衣衫。为何如此急迫？恐怕那时候的卢氏已经预感到自己时日无多，想在大限之前，为孩子多做几身衣裳。

"忆生来、小胆怯空房"，回忆她生前的样子，生性胆小，不敢独自留在空房之中，如今，她却要独自伴着梨花影，躺在冰冷的棺材中，周围皆是"冷冥冥、尽意凄凉"。阴阳相隔，他们终是要在各自的世界里各自悲凉，从此再也无法相拥取暖。

只愿"魂兮识路"，能于梦中与他相见。

容若所求，仅此而已。

玉钩斜，是指埋葬宫女的墓地。卢氏过世后，暂于双林禅院停柩待葬，与明代葬宫人的"静乐堂"相距甚近，故容若在此提到的"咫尺玉钩斜路，一般消受，蔓草残阳"，可理解为：咫尺之外的宫人墓，与此处一样凄凉，消受着残阳、荒野。

不忍见她如此孤单，他愿用清泪和椒酒，将长眠的她唤醒，又恐九泉之下的她为他伤神。

如果真的能再见，她会说什么？他一次次地幻想，一次次地否定，最后，他写下一句："道书生薄命宜将息，再休耽、怨粉愁香。"

若是相见，她定会说："书生命薄，应多多保重，不要再为儿女情长伤情。"这就是卢氏，时时刻刻都在为他着想；这也是容若,时时刻刻都清楚卢氏的言行。

最是伤情的应为最后一句:"料得重圆密誓,难禁寸裂柔肠。"

那些誓言字字刻入心间,却又难以实现,怎能不让人肝肠寸断。

美人如花,今生已无花期。

又是一年春时,梨花化成春日的雪,散入人间,于寂寞空庭之处,与尘为友,与月为邻。

夕阳的最后一缕光照进窗子,落在一幅挂画上。那画上之人正是卢氏,梅蕊新妆,樱桃朱唇,目若璀璨星辰,虽不是倾国倾城的佳人,却如白月光般温婉宁静。

这幅丹青的绘画者是容若,妙笔诉衷肠,勾勒着她的相貌,绘制着她的风姿,每一笔都是深情。容若凝视着画像,轻轻地唤了一声:"真真。"

### 虞美人

春情只到梨花薄,片片催零落。夕阳何事近黄昏,不道人间犹有未招魂。

银笺别梦当时句,密绾同心苣。为伊判作梦中人,长向画图清夜唤真真。

梨花生来便是薄命,开在暮春时节,花期短短数日,还未来得及看尽世间美好，便零落成泥。匆匆，太匆匆，正如卢氏的一生，红颜薄命，从不曾得到上苍的垂怜。一句"春情只到梨花薄，片片催零落"带着词人的愁怨，怨命运不公，恨时光残忍，她过世之时，年仅二十一岁，还未走遍山河万里，看尽世间繁华，便芳魂永归。

"夕阳何事近黄昏，不道人间犹有未招魂。"夕阳无情，黑夜将至，不顾他还在为卢氏招魂。古时宋玉哀屈原忠而斥弃，愁懑山泽，魂魄放佚，厥其将落，故作《招魂》，欲以复其精神，延其年寿。

他将诗句写在银笺上，又打着同心结，以示不离不弃的爱意。"同心苣"指织有相连火炬状图案的同心结，古人常用此表达爱情。

为伊甘愿做梦中人，对着画像一遍遍呼喊她的名字，只求能换来梦中的相聚。

"真真"二字出自唐朝人杜荀鹤编撰的《松窗杂记》，相传唐朝时期，进士赵颜从画工那里得到了一幅画，画中人是倾城美人，赵颜不禁感叹："世间竟有如此女子，若可令她生，我愿娶她为妻。"画工道："这幅画乃是神画，画中女子亦有名字，曰真真。若你呼其名百日，昼夜不歇，她必定会答应你。你再用百家彩灰酒灌之，她一定会变为活人。"

赵颜一往情深，也不管此事是真是假，照着画师的话，便去做了，呼唤百日，那女子果然应了一声："喏。"赵颜欢喜不已，立即用百家彩灰酒灌之，那女子果真活了，一言一行，皆如常人,并道:"谢君召妾,妾愿事箕帚。"

真真为赵颜生下一子,夫妻恩爱,阖家幸福。这时,一位友人道:"此妖也,必与君为患!余有神剑可斩之。"赵颜信以为真,竟收下了剑,真真泣曰:"妾南岳地仙也,无何为人画妾之形,君又呼妾名,既不夺君愿。今君疑妾,妾不可住。"说罢,便带着其子,回到画中。

容若记得卢氏初读这个故事的情景,她放下书,沉默良久,愤愤不平地道:"这赵颜既召真真而来,又为何疑她?当真是薄情人!"

那日,容若忽然很想为她画一幅丹青,他说:"若你是真真,我绝不负你。"

他没有负她,可他的"真真"不见了,无论他如何对画呼唤,她再也无法回应。

以吾之笔,绘汝之魂,墨痕之上,尽是相思,碧落黄泉,情字断肠。

梨花落尽成秋色,谁言秋色更悲凉。转眼秋已至,满眼萧瑟,草木都成了世间的过客,等待最后的凋零。

容若已经不忍再提笔,这一年以来,所作之词皆是悼亡词,那些深情的词句终是唤不回她的生命。念念不忘,绝无回响,明知等待是空,还是固执地守着旧时的庭院,一往情深,不肯离去。

## 蝶恋花

萧瑟兰成看老去。为怕多情，不作怜花句。阁泪倚花愁不语，暗香飘尽知何处。

重到旧时明月路。袖口香寒，心比秋莲苦。休说生生花里住，惜花人去花无主。

一年又一年，岁月老去，公子沧桑，谁又道公子多情？自卢氏过世后，至亲好友都曾劝慰，希望容若能早日走出悲伤。可是，谈何容易？为了不让家人担忧，他只能"不作怜花句"，不伤秋色，不叹人生。

他将愁绪藏于心中，默默倚花垂泪，愁不语，一缕愁思随着暗香不知飘向何处。或许，是飘去了凄凉的坟茔。

重回旧时的明月路，月色如故，一地清辉，回首往事，心比秋莲苦。秋莲结子，莲子心苦。宋代晏几道的《生查子》中曾写道："遗恨几时休，心抵秋莲苦。"将离别之苦称为"遗恨"，以秋莲比其苦，又以心对莲心。容若的"心比秋莲苦"，心苦远胜于秋莲之苦。

最后一句"休说生生花里住，惜花人去花无主"是全词的灵魂之笔，别再说什么生生世世住在花中，惜花人已去，花已无主。容若早已不信生生世世，这一世，上天都不曾怜悯他，又何必求生生世世？

卢氏过世后，他的词中皆有悼亡之意。从此以后，他的词以血填成。

寒冬时节，他独自坐在庭院中，身披寒衣对月独酌，美酒入喉只觉苦涩。远方传来笛声，梅花无声落在地上，笛音悲凉，不知为何而伤。这座城从未变过，一砖一瓦皆如当年，只是他的心已是千疮百孔。

望着片片飘零的花瓣，残香依旧，零落成泥碾作尘。寒风过，花瓣恰好落在他的掌心。

### 眼儿媚·咏梅

莫把琼花比澹妆，谁似白霓裳。别样清幽，自然标格，莫近东墙。

冰肌玉骨天分付，兼付与凄凉。可怜遥夜，冷烟和月，疏影横窗。

澹妆，即淡妆。莫把琼花比成淡妆，谁似白霓裳。"霓裳"，神仙以云为裳，这里是比喻梅花的外形。由此可知，这是一株白梅，淡雅素白，别样清幽。

这首词写梅，亦写人。

昔日，卢氏最爱这株白梅，悉心浇灌，百般怜惜，只盼花开之日。如今，白梅似人，人已故去，漫漫长夜，只剩下花月相伴，是艳丽，是清冷，是孤独。那日，他握着那朵梅花，想着：她多久未曾入梦？

## [3]衔恨愿为天上月

康熙十六年(1677),暮秋时节,离重阳节还有三日。一个寻常的夜晚,容若做了一个不寻常的梦。

梦中,卢氏身着旧时衣衫,白净淡雅,不施脂粉,一步步走到他面前,轻轻地唤了他一句:"良人。"

他紧紧握住她的双手,不敢再松开,生怕她又一次离去。

她说:"天凉了,勿忘加衣。"

她说:"院中的海棠花,要小心呵护。"

她说:"你身子弱,万不可再吃冷酒。"

她像从未离开过一样,细心地叮嘱他,关心他。一瞬间,仿佛回到了从前,花前月下,饮酒对诗,容若明知是梦,还是愿意沉浸其中,宁愿这场梦永远不要醒来。

卢氏说了太多的话,他都一一记在心中。临别时,她忽然对他说了一句诗:"衔恨愿为天上月,年年犹得向郎圆。"

容若从梦中醒来,望着空荡荡的暖阁,怅然若失。那一句"衔恨愿为天上月,年年犹得向郎圆"还在耳畔回荡。他记得她从未学过写诗,不知为何会在梦中对他说出这句话。

夜未央,人已无法再入梦,他走到书房,铺纸,磨墨,提笔写下一首悼亡词。

**沁园春**

瞬息浮生,薄命如斯,低徊怎忘?记绣榻闲时,并吹红雨；雕阑曲处，同倚斜阳。梦好难留，诗残莫续，赢得更深哭一场。遗容在，只灵飙一转，未许端详。

重寻碧落茫茫，料短发，朝来定有霜。便人间天上，尘缘未断；春花秋叶，触绪还伤。欲结绸缪，翻惊摇落，减尽荀衣昨日香。真无奈，倩声声邻笛，谱出回肠。

他将这场梦写入词中。浮生瞬息而过，如此匆匆，回首往事，怎能遗忘？记得旧时赌书泼茶，吹花嚼蕊，并肩立于雕阑曲处，同望夕阳西下。而今梦中相见，美好如初，却难留住一丝一毫的温情。梦中低吟诗文，终是无法继续下去，只能在无边的黑夜中痛哭。音容笑貌化为空，再也无法仔细端详。寻遍碧落黄泉，不见踪影，料想你的短发，一定添了秋霜。即便你我天上人间，但尘缘未断绝。那窗外春花，庭前的秋叶，一草一木皆能触动我的愁思。纵然情深意切，奈何已无往日的风华。临院又传来幽怨的笛声，谱出一曲断肠。

留下的人最是痛苦，日日夜夜的相思，没有结果的等待，折磨得人体无完肤。

曾经，他无数次设想，如果梦中与她相见，他该说些什么？是千丝万缕的思念，还是百转千回的惆怅？可当真正见面之时，只剩下执手相看泪眼。

梦境给人带来虚幻中的美好，亦给人现实中的怅然，古时文人大都会以词记梦，如苏轼的《江城子》："十年生死两茫茫，不思量，自难忘。千里孤坟，无处话凄凉。纵使相逢应不识,尘满面,鬓如霜。夜来幽梦忽还乡,小轩窗,正梳妆。相顾无言,惟有泪千行。料得年年肠断处,明月夜,短松冈。"

这是千古流传的悼亡词,词中所写正是苏轼的梦。苏轼十八岁时,与十六岁的王弗成亲,二人琴瑟和鸣,相濡以沫,却没想到,王弗二十七岁便早早离世,苏轼独自一人在风雨中度过十年,历经苦难。十年后,苏轼梦回当年,回忆起曾经的朝朝暮暮,不禁凄凉无助,于是写下这首词。

"小轩窗,正梳妆",这些寻常之事,容若也曾经历过。渌水亭中,他与卢氏何尝不是抚琴吟诗,画眉点唇,甚至,他们还会憧憬着未来的生活,或归隐山林,或远离喧嚣。

如果没有那场意外,故事还会继续美好下去,直到地久天长。

所有的深情,失去后再回忆,都是一种刻骨铭心的伤害。而多情的容若,却愿意受此折磨,哪怕长痛一生,也绝不忘记那份感情。

这场梦,让容若认清了现实与虚幻,但他更愿意迷失于梦中,与妻子夜夜相见。

那夜,容若又写下另一首词,这首词正是对卢氏梦中那句"衔恨愿为天上月,年年犹得向郎圆"的回答。

## 蝶恋花

辛苦最怜天上月,一昔如环,昔昔都成玦。若似月轮终皎洁,不辞冰雪为卿热。

无那尘缘容易绝,燕子依然,软踏帘钩说。唱罢秋坟愁未歇,春丛认取双栖蝶。

梦中的卢氏执着于"月缺月圆",容若第一句便写到了明月。"辛苦最怜天上月",自古谁不怜惜月光,纵然沧海桑田,也无法改变明月的光芒,月圆是它,月缺是它。世人皆盼月圆,现实却是"一昔如环,昔昔都成玦",一月之中只有一夜是满月,如玉环一般,其他时候,月亮都像一块不完整的玉玦。

容若总是在想,若人生能够像天上的满月般皎洁不亏,那他愿化作冰雪,不惜为她融化。

那些年,卢氏时常会依偎在他的怀中,指着天上的月亮,告诉他:"若哪日我不在了,我就化成天上的明月,陪着你,守着你。"

当年小女子的一番玩笑之语,谁会想到竟有成真的一日。如今,她真的不在了,她会化成月光吗?

容若望着月光,望得出神,今夜的月如此皎洁,是上弦月,像她微笑时闪烁的眼睛。

词的下阕是写尘缘,世间的缘分说来便来,说断便断,脆弱如枯草,人们偏偏渴望得到这般脆弱的东西,因为越脆弱越珍贵。

"无那尘缘容易绝",只是无奈,尘世的缘分太容易断绝,弱小的生命怎能同命运对抗。古往今来,诗人感激着命运,又怨恨着命运,这并不矛盾。感激命运的眷顾,又怨恨命运的残忍。

庭前的燕子依旧飞进飞出,不知愁为何物,轻轻地踏帘钩,低低地鸣叫。容若来到她的坟前,哼唱着她最爱的歌谣,然而,愁绪没有丝毫消减。

天人永隔,若要相见,是不是要双双化蝶?

"化蝶"最早见于庄周梦蝶的典故,庄子梦中幻化为蝴蝶,忘记了自己原本是人,醒来后,方知自己是庄周。不知是庄周梦中变成了蝴蝶,还是蝴蝶梦见自己变成了庄周?"庄周梦蝶"又指虚幻的梦境。

化蝶之说太过虚幻,只能出现在梦中。而容若写"春丛认取双栖蝶",这一愿望只能交给梦境,以蝴蝶之身栖身于花丛中,双宿双飞。

那一年,容若二十三岁。

## [4] 天上人间俱怅望

卢氏于康熙十六年(1677)五月去世后,灵柩暂厝于双林禅院,直到一年后,才葬于京师西北郊外的皂荚屯叶赫那拉氏祖坟。

赵秀亭《纳兰丛话》中言:"性德[①]有双调《望江南》二

---

① 性德:原名成德,后因避讳太子保成(胤礽)而改名性德。

首,俱作于双林禅院。""此二词,显然为悼怀卢氏之作。其可怪者,何为屡栖佛寺?又何为每至佛寺辄生悼亡之感?久久寻思,始得恍然,盖卢氏卒于清康熙十六年(1677)五月,葬于十七年(1678)七月,其间一年有余,灵柩必暂厝于双林禅院也。性德不时入寺守灵,遂而有怀思诸作。"

那一年,容若时常出入双林禅院,守着妻子的灵柩,在那里写下一首首悼亡词。

秋日,又是风雨连绵的一日,他听见远处传来僧人的诵经声,那一刻,他只想斩下三千烦恼丝,青灯古刹,了此残生。

### 望江南·宿双林禅院有感

心灰尽、有发未全僧。风雨消磨生死别,似曾相识只孤檠,情在不能醒。

摇落后,清吹那堪听。浙沥暗飘金井叶,乍闻风定又钟声,薄福荐倾城。

心已成灰,孑然一身,除了蓄发之外,已经与僧人无异。此时,容若便有了抛却红尘的心。只是,他并不知,心成灰,不等于六根清净,他还有思念,还有牵挂,这便是尘缘未了。所爱之人虽已过世,但他日日相思,便等于让爱人活在了心里,心若不静,终难成佛。

凄凉的夜,风雨未歇,总能勾起多情人的回忆,在回忆的波涛中,有多少人情愿被回忆吞噬,也不愿回到现实。容若便是如此,他守着一盏似曾相识的孤灯,忆往昔岁月,虽愁绪满怀,却愿梦不愿醒。

回忆布满荆棘,总有人愿意留在荆棘丛中,满身伤痕,不肯退去。

窗外,花叶凋零,于淅沥雨声中,缓缓落下金井。忽然间,风声骤停,传来一阵沉沉的钟声,惊碎了夜半不眠人的梦。

他叹:"薄福荐倾城。"

终是自己福薄,留不住倾城之人。

夜宿禅院的那些日子,容若还写下另一首《望江南》。

### 望江南·宿双林禅院有感

挑灯坐,坐久忆年时。薄雾笼花娇欲泣,夜深微月下杨枝。催道太眠迟。

憔悴去,此恨有谁知?天上人间俱怅望,经声佛火两凄迷。未梦已先疑。

容若挑亮灯芯,久坐情难忘,想起婷婷花下人,美人如花,花似梦。那些嫣然时光终究化为飞烟,"憔悴去,此恨有谁知?"逝者魂归故里,独留生者黯然神伤,天上人间皆怅惘。

经声佛火之中,人心凄迷,明明人还清醒,却已分不清眼前之景是梦是真。从寒至暑,浑浑噩噩,睡去又醒来,醒来又睡去，梦中见她，醒来思她，她已成为他的执念。

那年，有人问容若："为何迟迟不下葬？可是没有寻到风水绝佳之地？"

容若认真地回答："她怕黑。"

她一向恐惧黑暗，他又怎忍心将她长埋于冰冷的地下。他只想多陪她几日，守着灵柩，能多一日便是一日，谁能想到，这一守竟是一年有余。

那些夜晚并不孤独，容若坐在寂静的禅房中，佛灯之下，诵经声中，默默翻开一本《楞伽经》。

《楞伽经》全称《楞伽阿跋多罗宝经》，阿跋多罗是梵语，译为"无上"，阿跋多罗宝即是无上宝。从隋朝末年、唐代初年开始，此经渐渐失传，直到北宋时期，一位名为张安道的大臣，为滁州牧时，偶然之间，又发掘出《楞伽经》，读后大有所悟。正如苏轼所言："至一僧舍，偶见此经，入手恍然，如获旧物，开卷未终，夙障冰解，细视笔墨，手迹宛然，悲喜太息，从是悟入，常以经首四偈，发明心要。"张公曾以此《楞伽经》亲自教授苏轼，并出钱三十万，请苏东坡刻印此经，令其流传于世。苏轼的好友佛印和尚提议说："与其刻印，不如由东坡亲自书写，后再刻印，能流传更久。"他认为东坡书法闻名于世，世人珍其墨宝，定会妥善保存此经，便能使之流传更久。于是，苏轼依佛印之言，写后刻印。如今，世人有幸能亲睹这部佛经，全是张公、苏轼之功。

此经宣说世界万有皆由心识所造，吾人认识作用的对象不在外界而在内心。那夜，容若静读着上面的一段经文："世间离生灭，犹如虚空华。智不得有无，而兴大悲心。一切法如幻，远离于心识。智不得有无，而兴大悲心。远离于断常，世间恒如梦。智不得有无，而兴大悲心。知人法无我，烦恼及尔焰。常清净无相，而兴大悲心。一切无涅槃，无有涅槃佛。无有佛涅槃，远离觉所觉。若有若无有，是二悉俱离。牟尼寂静观，是则远离生。是名为不取，今世后世净。"

他在想：生与死，离与分，有与无，得与失，取与舍。

他在疑惑：佛有情吗？若无情，又如何怜悯众生？若有情，又如何六根清净？

迷茫之人渴望这本经书化解心中的烦忧，却不知忧已入骨，难以解脱。他参不透佛法，却参透了人心。浊世中，谁的心能清净一生，总在风雨飘摇时，受尽创伤。这本无上甚深宝典救得了众生，却救不了容若的心。

若一个人心已成灰，如何参佛？

双林禅院，容若守了一日又一日，从春风到细雨，从落叶到白雪，他明知人死不能复生，却还是愿于寂静中守护她，以相思招亡魂入梦。

虚虚假假，假假真真，容若终将从梦境中醒来，回归现实，一切皆是时间的问题。

一年后的某一日，容若终于想通了，潇潇风雨，落叶难留，无论守多久，梦多久，亡妻终是回不来了。

此刻，他只想让卢氏入土为安。

康熙十七年（1678）七月，卢氏下葬了。叶舒崇撰《皇清纳腊室卢氏墓志铭》。

夫人卢氏，奉天人，其先永平人也。毓瑞医闾，形胜桃花之岛，溯源营室，家声孤竹之城。父兴祖，总督两广、兵部右侍郎、都察院右副都御史。树节五羊、申威百粤，珠江波静，冠赐高蝉，铜柱勋崇，门施行马。传唯礼义，城南韦杜之家；训有诗书，江左潘杨之族。夫人生而婉娈，性本端庄，贞气天情，恭容礼典。明珰珮月，即如淑女之章；晓镜临春，自有夫人之法。幼承母训，娴彼七襄；长读父书，佐其四德。高门妙拣，首闻敬仲之占；快婿难求，独坦右军之腹。年十八，归余同年生成德，姓纳腊氏，字容若。乌衣门巷，百两迎归；龙藻文章，三星并咏。夫人职首供甘，义均主鬯，二南苹藻，无愧公宫；三日羹汤，便谙姑性。人称克孝，郑褒之壸攸彰；敬必如宾，冀缺之型不坠。宜尔家室，箴盥惟仪，浣我衣裳，纮綖是务。洵无訾于中馈，自不忝于大家。无何玉号麒麟，生由天上；因之调分凰凤，响绝人间。霜露忽侵，年龄不永。非无仙酒，谁传延寿之杯；欲觅神香，竟乏返魂之术。呜呼哀哉！康熙十六年（1677）五月三十日卒，春秋二十有一。生一子海亮。容若身居华阀，达类前修，青眼难期，红尘置合；夫人境非挽鹿，自契同心，遇辟游鱼，岂殊比目。抗情尘表，则视有浮云；抚操闺中，则志存流水。于其没也，悼亡之吟不少，知己之恨尤深。今以十七年（1678）七月二十八日葬于玉河皂荚屯之祖茔。木有相思，似类杜原之兆；石曾作镜，何年华表之归。睹云气而徘徊，怅神光之离合。呜呼哀哉！铭曰："江名鸭绿，塞号卢龙。桃花春涨，榆叶秋丛。灵钟胜地，祥毓女宗。高门冠冕，无族鼎钟。羊城建节，麟阁救功。诞生令淑，秀外惠中。华标彩莽，茂映颊桐。曰嫔君子，夭矫犹龙。纶扉闻礼，学海耽躬。同心黾勉，有婉其容。柔性仰事，怡声外恭。移卤奉御，执匜敬共。苹蘩精白，刀尺女红。鸳机支石，蚕月提笼。孝思不匮，俭德可风。闺房知己，琴瑟嘉通。产同瑜珥，兆类黑熊。乃膺沉痼，弥月告凶。翠屏昼冷，画翟晨空。凤箫声杳，鸾镜尘封。哀旐路转，挽曲涂穷。荒原漠漠，雨峡蒙蒙。千秋黄壤，百世青松。"

如今，若是要了解卢氏的生平，除了通过这篇墓志铭，便是容若的诗词。她没有留下名字，只留下一个姓氏，百年后，依旧有人记得，容若的生命中曾有一个卢氏女子，爱他一生。

那年，厚厚的黄土将棺椁一点点掩埋，容若的心随她去了黄泉。

临走时，容若带走了一本《楞伽经》，后来，他取了一个别号：楞伽山人。

从此之后，心中便有了禅。

卷七　半世浮萍随逝水

## [1] 家家争唱饮水词

爱情结束了,仕途便开始了。人生路遥遥,前路未可知,人生总是如此,你永远不知道明日会迎来什么,或许是一场黄粱梦,或许是一把辛酸泪。那些繁华与美好终成了水中月,镜中花。

姜宸英《纳兰君墓表》中云:"今上重器君,不欲出之外廷。置名二甲,久之,授三等侍卫。"

康熙十五年(1676),容若补殿试,考中二甲第七名,赐进士出身。之后,整整一年,康熙皇帝都未曾任命容若官职,直到康熙十六年(1677),卢氏过世的那年冬天,容若踏入了仕途,任职三等御前侍卫。

何为御前侍卫?

清朝专门设置了御前侍卫的侍卫制度,最初由努尔哈赤设立,后来,逐渐完善,到了康熙时期,特设御前大臣和御前侍卫、乾清门侍卫等职务。侍卫是皇帝最为亲近的侍从,都是万里挑一的英勇之人。清代是试行"八旗制度",皇帝亲掌上三旗：镶黄旗、正白旗、正黄旗，御前侍卫皆出自上三旗。侍卫分为四等：一等侍卫，正三品；二等侍卫，正四品；三等侍卫，正五品；四等侍卫，正六品。清朝御前侍卫虽是武职，却拥有无上荣誉，明珠便是从侍卫做起，康熙如此任命，应也有深意。

然而，这并非容若所求。

从容若之前的诗词可以看出，他心怀家国天下，考取功名，迈入仕途，并不是为了保护皇帝一人。更何况，侍卫一职要接触形形色色的人，他不喜阿谀奉承，更不懂左右逢源，这条平顺的仕途之路并不适合容若。

自容若踏入宫门的那一刻起，他便不得不奉命写诗，用华丽的辞藻，歌功颂德，受尽恩赏。

### 入直西苑

望里蓬瀛近，行来阆苑齐。

晴霞开碧沼，落月隐金堤。

叶密莺先觉，花繁径不迷。

笙歌回辇处，长在凤城西。

《汉书》载："苑，谓马牧也。"北京有东苑、南苑、西苑、北苑，合称"四苑"。南苑明清称为南海子，北苑位于来广营，东苑在东安门内之南，西苑说法颇多，有一种说法是中南海为西苑，另一种说法是康熙时期，称畅春园为西苑。

中南海西苑有海上蓬莱，故名瀛台，诗中提到"望里蓬瀛近"一句，应是指中南海（西苑）。

后来，康熙二十年（1681）六月，严绳孙曾作过这一组二十首的《西苑侍直杂诗》，随后，容若又写下《西苑杂咏和荪友》多达二十首，步韵唱和之作。

### 西苑侍直杂诗·其一

中禁薰风乳燕飞，上林新雨石榴肥。
侍臣记注无多事，一径清阴下直归。

### 西苑杂咏和荪友·其一

太液东头散直迟，一双水鸟掠杨枝。
从臣献罢平滇赋，坐听中涓报午时。

无论是严绳孙之诗，还是容若之诗，都是美到极致，将西苑景色、帝王起居、臣子风采描写得极尽繁华，这就是容若的所见所闻，皇家园林，自是花映初阳，宝马金门。只是这样的诗全无灵魂，如一堆华而无实的珠宝，初读时，或许会欣然向往，读久了，便觉得乏味。

当容若写下这些诗文时，会想什么？是对朝堂的厌恶，还是对仕途的失望？

如果，十八岁的容若知道自己的仕途会是这般苦闷，他可会参加科举？答案一定是不会。

公子本就向往闲云野鹤的生活，只是三藩之乱，家国动荡，让他有了入仕之心。却不曾想，仕途竟是如此复杂，全然不是理想中的样子。万人羡慕的锦绣前程，偏偏不是他心中所求，他宁愿奔赴沙场，于大漠孤烟之中，活得肆意潇洒。

宫廷当差的日子并非百无聊赖，幸有好友相伴。容若任御前侍卫，主要职责是养马，而曹寅是负责养狗。

两个有志青年相遇之时，常常会感叹人生，后又自嘲一番。

许多年后，曹寅回忆起往事，作诗言："忆昔宿卫明光宫，楞伽山人貌姣好。马曹狗监共嘲难，而今触痛伤枯槁。"

那些互嘲的日子，终成了彼此最美的回忆。那些年，二人伴驾左右，陪伴康熙皇帝度过无数个挑灯的夜晚，无论是君主，还是臣子，每个人都在成长，长成最不想成为的样子。

成年人的世界有成年人的规则，那些不愿接受规则的人，最终，将带着一颗纯真的童心远离人世。

本是天涯赤子心，最是人间留不住。

若注定一生被仕途所困，那至少要让心灵自由。如果诗文无法抒发心中所想，便将深情写入词中，不求闻名天下，但求遇到知音人。

康熙十七年（1678）岁初，正月十七，顾贞观回江南，他带走了一本《饮水词》。

《侧帽词》已成过去，公子的诗文早已传遍大江南北，卢氏过世后，他又写下新词，其中词句更为动人。于是，便有了这本《饮水词》。岳珂《桯史·记龙眠海会图》:"至于有法无法,有相无相,如鱼饮水,冷暖自知。"容若的《饮水词》词集名字正是源于这句"如鱼饮水,冷暖自知",那些刻骨铭心的往事,唯有词人自己清楚是甘是苦。

顾贞观回到江南,想找一位词坛名家为《饮水词》作序,思来想去,最终想到了一个人,吴绮。

吴绮,清代词人,字园次,一字丰南,号绮园,又号听翁,江都人,词风秀媚,其中《春闺》上阕"思时候,忆时候,时与春相凑。把酒嘱东风,种出双红豆"流传颇广,故有"红豆词人"之称。

这年三月,吴绮为《饮水词》作序。

一编《侧帽》,旗亭竞拜双鬟;千里交襟,乐部唯推只手。吟哦送日,已教刻遍琅玕;把玩忘年,行且装之玳瑁矣。迩因梁汾顾子,高怀远询《停云》;再得容若成君,新制仍名《饮水》。披函昼读,吐异气于龙宾;和墨晨书,缀灵葩于虎仆。香非兰茞,经三日而难名;色似蒲桃,杂五纹而奚辨。汉宫金粉,不增飞燕之妍;洛水烟波,难写惊鸿之丽。盖进而益密,冷暖只在自知;而闻者咸歔,哀乐浑忘所主。谁能为是,辄唤奈何。则以成子姿本神仙,虽无妨于富贵;而身游廊庙,恒自托于江湖。故语必超超,言皆奕奕。水非可画,得字成澜;花本无言,闻声若笑。时时夜月,镜照眼而益以照心;处处斜阳,帘隔形而不能隔影。才由骨俊,疑前身或是青莲;思自胎深，想竟体俱成红豆也。嗟乎！非慧男子不能善愁，唯古诗人乃可云怨。公言性吾独言情，多读书必先读曲。江南肠断之句，解唱者唯贺方回；堂东弹泪之诗，能言者必李商隐耳。菌次吴绮序于林蕙堂。

序言中提到曾经的《侧帽词》风靡一时，如今，吴绮昼读《饮水词》，更觉"则以成子姿本神仙，虽无妨于富贵；而身游廊庙，恒自托于江湖"，公子本是富贵身，处庙堂之上，出淤泥而不染，恰似青莲，生来多情种，又似相思红豆。

顾贞观读着这篇序言，其中"非慧男子不能善愁，唯古诗人乃可云怨"一句，古往今来，文人不都是如此吗？生来一颗敏感的心，在愁与怨的旋涡中，写下芸芸众生的情与爱，文人的心，何其脆弱！

那日，顾贞观提笔也写下另一篇《饮水词序》。

非文人不能多情，非才子不能善怨。《骚》《雅》之作，怨而能善，惟其情之所钟为独多也。容若天资超逸，翛然尘外。所为乐府小令，婉丽凄清，使读者哀乐不知所主，如听中宵梵呗，先凄惋而后喜悦。定其前身，此岂寻常文人所得到者。昔汾水秋雁之篇，三郎击节，谓巨山为才子。红豆相思，岂必生南国哉！荪友谓余，盍取其词尽付剞劂。因与吴君菌次共为订定，俾流传于世云。

同学顾贞观识。时康熙戊午又三月上巳，书于吴趋客舍。

顾贞观将"非慧男子不能善愁,唯古诗人乃可云怨",改成"非文人不能多情,非才子不能善怨",天下文人终是凭着几分多情,几分善怨,写尽人间百态。容若之词,有相思情愁,有长亭离苦,有知己如故,有白头宫人,那些苦痛与欢乐,正是他曾经经历的,亦是他以后经历的。文人的劫在于太过通透,在他眼中,世间繁华也不过是浮云,爱恨情仇不过执念,文人活得太过于清醒,便更容易受伤。

这一年,文坛生花,朝局渐稳。吴三桂七月称帝,八月命丧,清军全线转入反攻。

历史的脚步从未为谁而停留,却曾因天之骄子而闪耀。

## [2] 人生别易会常难

康熙十八年(1679),清政府承唐宋旧制,在正常科举之外,增设制科取士,分别有博学鸿儒、经济特科、孝廉方正科等名目。博学鸿儒,又称博学鸿词,参与考试的文人,无论已仕未仕,皆要由在京三品以上官员,在外总督、巡抚等官员先行举荐,然后汇集京师,进行殿廷考试,录取者授翰林院官。

这一年,各地名人雅士集聚京城,诸臣举荐博学鸿儒与试者一百四十三人,严绳孙、秦松龄、陈维崧、姜宸英、朱彝尊等人也在其中。严绳孙本不愿考中,随意赋一首"省耕诗",

便匆匆退场。没想到，康熙皇帝早就知晓严绳孙之名，以"史局中不可无此人"，取为二等榜末。

闲暇之时，这些好友集聚渌水亭，吟诗作对，畅谈往事。宴席上，细心之人皆看出容若眼中的伤，少年不再是少年，风霜的岁月里，已留下难以愈合的伤。

在座之宾何尝不知容若的事情，丧妻、守灵，他的心再也无法回到过去。那夜，所有人都醉了，唯有容若醒着，他轻叹道："吾本落拓人，无为自拘束。偶倪寄天地，樊笼非所欲。"

次日，众人一同骑马往郊外走去，春风拂面，落英芬芳，是谁沉醉于无边春色，曲水流觞？又是谁立于东风之中，独自惆怅？

这时，一位身着青衫的文人提道："此处风光正盛，不如以《浣溪沙》为题，诸位联句成词，可好？"

说话之人正是容若的好友陈维崧，字其年，号迦陵，出生于明天启五年（1625），少时文采敏捷，吴伟业曾誉之为"江左凤凰"。明朝灭亡时，年仅二十岁，入清后虽补为诸生，却长期未得官职。这次召试鸿词科，由诸生授检讨，纂修《明史》。

那日，他们一人一句，联句成词。

### 浣溪沙·郊游联句

出郭寻春春已阑（陈维崧），

东风吹面不成寒（秦松龄），

青村几曲到西山(严绳孙)。

并马未须愁路远(姜宸英),

看花且莫放杯闲(朱彝尊),

人生别易会常难(纳兰容若)。

骑马、赏花、踏春,本是郊游赏景之诗,却因一句"人生别易会常难",转喜为悲。

那一刻,众人皆沉默了,寂静之中,只听见风吹过耳畔的声音。

人生,别时容易见时难,在场之人皆是挚友,却唯独少了一人的身影。容若的目光缓缓望向南方,顾贞观,他的梁汾兄,此时在何处?

回想往日,顾贞观出入明珠府,世人皆言其攀附权贵,容若却道:"君自见其朱门,贫道如游蓬户。"

这是东晋时期的典故,竺法深是东晋僧人,因佛教传自印度,印度古名为天竺,故当时僧人都以竺为姓。竺法深与晋元帝司马睿、明帝司马绍、丞相王导、太尉庾亮交往颇深,名士刘惔曾讽刺道:"道人何以游朱门?"竺法深即回了这两句,道:"你看到的是朱门,对我而言,就好像是平民百姓的住所一样。"

世俗之人眼中才有"朱门""蓬户",清心寡欲之人眼中万物如一。竺法深如此,顾贞观亦是如此。

如今,顾贞观不在京师,那寂寞的庭院中,总觉得少了一丝清风。

自去年开始，容若便想建造一间茅屋，今年夏时，茅屋筑成，称为花间草堂。这茅屋并非破旧的草房，而是类似大观园中的"稻香村"，此处青砖黛瓦，古朴宁静，正是隐于京师的山水田园。

### 满江红·茅屋新成却赋

问我何心，却构此、三楹茅屋。可学得、海鸥无事，闲飞闲宿。百感都随流水去，一身还被浮名束。误东风、迟日杏花天，红牙曲。

尘土梦，蕉中鹿。翻覆手，看棋局。且耽闲斟酒，消他薄福。雪后谁遮檐角翠，雨余好种墙阴绿。有些些、欲说向寒宵，西窗烛。

若问为何建这几间茅屋，容若的答案是：可学得、海鸥无事，闲飞闲宿。

一个词人，心中到底渴望什么？容若不求富贵，只求自由，如海鸥般翱翔于天空，无拘无束。《列子·黄帝》中记载了这样一个故事：有人喜爱海鸥，每日清晨都会与海鸥游玩，后来，他的父亲命他把海鸥抓住。第二日，他再来到海边，海鸥便只在天上飞旋，不再落在他身边。容若的处境与那只海鸥何其相似，他渴望蓝天，却有人想方设法阻止他的脚步。"百感都随流水去，一身还被浮名束"，心中所有的感情都随着流水而去，愿抛去世间一切的束缚，可惜此身还被浮名束缚，不得自在。

这世间变化无常，如尘土梦，蕉中鹿，又如翻覆手，看棋局。

"尘土梦，蕉中鹿"两句化用蕉鹿梦的典故，出自《列子·周穆王》。相传，郑国有一个砍柴人，偶然之间，打死一头鹿，又怕别人知道，便把鹿藏在沟中，并用蕉叶覆盖起来，转弯的工夫，却忘记了自己藏在什么地方。回去的路上，开始自言自语，以为自己是做梦打死了鹿。这时，一个路人听到砍柴人的话，便真的在蕉叶下发现了鹿，回家后，告诉妻子此事，并惊叹："真的和砍柴人的梦一样啊！"妻子说："是你做梦梦见砍柴人得到了鹿吧？砍柴人真的存在吗？现在你得到了这头鹿，只是你的美梦成真罢了。"路人说："如今鹿在我手中，何必管它是别人的梦，还是我的梦！"另一边，砍柴人很是不甘心，夜里又梦见藏鹿的地点，又梦见鹿被人盗走。第二日，按照梦中所见，果然找到了那个路人，二人为了争夺鹿，告到了士师那里。士师说："砍柴人，你开始得到了鹿，却说是梦，后来又在梦中看到路人拿了鹿，妄说这是真相。路人真拿了你的鹿，却与你争鹿。可他的妻子说，他只是在梦中认为鹿是别人的，鹿实际不归任何人所有。既然真的有一头鹿，不如你们就平分了吧！"郑国国君听闻了这件事，感叹道："那士师也是在梦里分鹿给他们吧！"又问国相，国相道:"是不是梦我也分辨不了,只有黄帝和孔子能做到,现在这二人不在了,就姑且听士师的论断。"

砍柴人、路人、士师、郑君,将真实的事情当作梦,又将梦当作真正的事情,"鹿"作为富贵的象征,最初由一人得到,后又转到路人手中,又多次出现在梦中,连人类自己都分不清是真是假。由此可见,富贵不牢固,让人心神不宁,虚幻迷离,得失无常。

"翻覆手,看棋局"典出《三国志·王粲传》,王粲观棋之时,棋局被搅乱,王粲能凭着记忆,将棋子恢复成原样。下棋之人不信王粲有此能力,便用头巾盖住棋盘,让他用另一副棋子再摆一遍,王粲照做,果真一模一样,没错一子。此后,这个典故用来比喻世事无常,是非莫辨。

世间之事,虚虚假假,变幻无常,富贵能几时?正如《红楼梦》所写:"说甚么脂正浓、粉止香,如何两鬓又成霜?昨日黄土陇头送白骨,今宵红灯帐底卧鸳鸯。金满箱,银满箱,展眼乞丐人皆谤。正叹他人命不长,那知自己归来丧!训有方,保不定日后作强梁。择膏粱,谁承望流落在烟花巷!因嫌纱帽小,致使锁枷杠,昨怜破袄寒,今嫌紫蟒长。乱烘烘你方唱罢我登场,反认他乡是故乡。甚荒唐,到头来都是为他人作嫁衣裳。"

万物皆在变幻,今朝纸醉金迷,明日黄粱一梦,下一刻,或是光明,或是黑暗,或是欢喜,或是痛苦。命运令人无可奈何,倒不如与知己纵酒高歌,相守一些微薄的福气。

在京师建造茅屋，就像在巨大的囚笼中编织一个梦。不过，人应有梦，有梦才有希望。

小小的茅屋便是容若的世外桃源，冬时，雪后谁遮檐角翠，夏时，雨余好种墙阴绿，四季之景，皆有不同。

那年，容若站在古朴的茅屋前，烹茶煮酒，抬起头，望残阳如血，他写下一封信，《寄梁汾并葺茅屋以招之》："三年此离别，作客滞何方？随意一尊酒，殷勤看夕阳。世谁容皎洁，天特任疏狂。聚首羡麋鹿，为君构草堂。"

茅屋已筑成，问君归不归？

## ［3］三载悠悠魂梦杳

康熙十九年（1680），容若二十六岁。

卢氏已过世整整三年，三年，碧落黄泉，相思不减，旧时庭院，向来深情缘浅。渌水亭中，花鸟依旧，繁华依旧，怎奈公子叹流年，君不见红颜，孤冢化尘烟。

纳兰容若身为明珠长子，家族绝不会允许他多年无妻。这年，纳兰明珠开始为容若寻觅续弦，又是一场政治联姻。权贵之家为稳住家族在朝中的地位，早已习惯将子女的幸福作为交易的筹码，他们从不在乎所谓的深情，只在乎彼此的利益。

这场婚姻中，注定有人受伤，有人流泪。

容若的续弦是官氏，满洲八大贵族之一的瓜尔佳氏的后人，图赖之孙，朴尔普之女。瓜尔佳图赖，后金开国五大臣之一费英东的第七子，清朝开国功臣，曾立下赫赫战功，击败李自成，挥师江南，杀史可法，擒获南明弘光帝、隆武帝，封一等公，死后立碑纪绩。图赖的那些事迹影响着子孙后代，无论男女，皆以此为荣。官氏出身于将门之家，又是功臣之后，其身份、地位远远高于卢氏。官氏自幼便知道自己的价值，或是选入后宫，或是嫁入朱门侯府，一生都要为家族而活。

容若的命运由不得自己，官氏何尝不是呢！对于他们来说，联姻就是一场彻头彻尾的笑话。

成亲那日，正是花好月圆，满堂花烛，明珠府内笼罩着一片欢乐的气氛。宾客们举杯庆贺，笑声洋溢，又有谁会关心那对深陷囚笼的新人？

红烛映着官氏的容貌，她不似卢氏那般娇柔，眉宇间透着英气，不愧是将门之后，颇有些花木兰的气质。官氏虽为旗人，却也读过容若的词，深知他对亡妻的一片深情，她不会逼迫他接纳自己，更不会黯然神伤，她只想有一安身之处，在这座华丽的宅邸中度过余生。

五月三十，卢氏忌日，容若来到她的坟前，静静地告诉她续弦之事，语气中夹杂着愧疚，觉得负了当初的深情。若亡妻泉下有知，可会怨恨于自己？不，她那般善良，定然不会怨他，哪怕一个人偷偷抹泪，也不会埋怨他一句。

## 金缕曲·亡妇忌日有感

此恨何时已。滴空阶、寒更雨歇,葬花天气。三载悠悠魂梦杳,是梦久应醒矣。料也觉、人间无味。不及夜台尘土隔,冷清清、一片埋愁地。钗钿约,竟抛弃。

重泉若有双鱼寄。好知他、年来苦乐,与谁相倚。我自终宵成转侧,忍听湘弦重理。待结个、他生知己。还怕两人俱薄命,再缘悭、剩月零风里。清泪尽,纸灰起。

"此恨何时已"化用李之仪《卜算子》中的"此水几时休,此恨何时已",这愁绪何时才是尽头?永无休止的愁绪伴随着容若度过日日夜夜,没有人知道这愁绪如何断绝,连容若自己也不知。或许,到了岁月尽头,便可解脱。

细雨滴落在空空的台阶之上,滴了整整一日,此时终于停歇,空气中浸着彻骨的寒,清冷之夜,落花凋谢,又是葬花时。细雨无情,落红有情,惜花之人又将落花拾起,葬入尘土之中,化作春泥更护花。

葬花这一行为最早的发起者应该是唐寅。唐寅,字伯虎,号六如居士。《六如居士外集》中有:"唐子畏居桃花庵。轩前庭半亩,多种牡丹花,开时邀文征仲、祝枝山赋诗浮白其下,弥朝浃夕,有时大叫恸哭。至花落,遣小伻一一细拾,盛以锦囊,葬于药栏东畔,作《落花诗》送之。"

后来,又有多少多情之人葬花,花谢花飞,林黛玉含泪葬花,清唱着那首:"尔今死去侬收葬,未卜侬身何日丧?侬今葬花人笑痴，他年葬侬知是谁？试看春残花渐落，便是红颜老死时；一朝春尽红颜老，花落人亡两不知！"

卢氏也曾是怜花人，不忍落花随流水而去，便轻轻拾起落花，葬于尘土之中。当年的葬花人已经过世三年，渌水亭旁的落花，何人将它们埋葬？

"三载悠悠魂梦杳，是梦久应醒矣"，三年，恍若大梦一场，这场悲伤的梦也该醒来了！只是，为何还不醒来？他早已觉得人间无味，倒不如化为尘土，与人世相隔，虽是冷冷清清，却能将满腔愁怨埋葬。

她曾经最爱的钗钿还在妆奁中，那是他们的定情信物，见证着他们白头偕老的誓言。是谁魂归离恨天，将钗钿之约抛弃？独留痴情人在人间游荡。留在尘世的人，时时幻想，若黄泉能收到书信该多好！如此，方能知道她过得如何，与何人相伴。

"双鱼"指书信，古乐府《饮马长城窟行》云："客从远方来，遗我双鲤鱼。呼儿烹鲤鱼，中有尺素书。"宋人赵令畤的《蝶恋花》中也写道："蝶去莺飞无处问，隔水高楼，望断双鱼信。"

鱼传尺素，尺素传情，为此容若辗转难眠，本想抚琴慰心，又想起那古琴是亡妻的遗物，不忍再触碰琴弦。

琴声不忍闻，旧物不忍睹，今生梦断，只盼"待结个、他生知己"，若有来生，便结为知己！只在红尘中相遇，不深爱，不相思，守护她，陪伴她，成为她生命中最重要的人，且不牵绊她的余生。

最怕，真有来生，两人命薄，还是无法长相厮守。何必期盼来生，怎知来生不是断肠人？

千里孤坟，泪已流尽，黄纸成灰。

那年，又是一个月圆夜，容若幽幽地望着月光，一双黑眸中含着深情与沧桑，所有人都知道他在思念谁，官氏也知道。

### 虞美人

曲阑深处重相见，匀泪偎人颤。凄凉别后两应同，最是不胜清怨月明中。

半生已分孤眠过，山枕檀痕涴。忆来何事最销魂，第一折枝花样画罗裙。

当年，曲折的回廊深处，卢氏也曾依偎在他的怀中，低声抽泣。有人认为"曲阑深处"应是指男女幽会，但容若与卢氏本就是夫妻，何来幽会之谈？此处，夫妻二人应是在廊下相依。高门显贵之家，卢氏身为正室，既要管家，又要管人，上有公婆，下有庶子，事事都须周全，久而久之，自是生出许多委屈，无法言明，只能偷偷躲在角落深处拭泪。

"凄凉别后两应同"，从回忆回到了现实，明月依旧，回廊空荡，一片凄凉与幽怨。分别之后，承受着相同的痛楚，每逢月圆之夜，又会勾起无尽的思念。

半生孤眠，鸳鸯枕上浸着点点泪痕。自卢氏过世后，他总会待在旧时的暖阁中，只因那里有她生活的痕迹，残留着她的气息。一桌一椅，一纸一墨，都未曾改变，它们静静地摆放在那里，仿佛在等待主人归来。

"忆来何事最销魂，第一折枝花样画罗裙"，忆往昔，何事最让人难忘？应是绘着折枝图样的罗裙。古代花卉有一种画法，不画全株，只画连枝折下的部分，这是另一种艺术，别有一番优雅之美。宋仲仁《华光梅谱·取象》："其法有僵仰枝、覆枝、从枝、分枝、折枝。"

卢氏生前，不爱繁花似锦，只爱简洁大方，月白色的罗裙上，只绣几株简单的折枝，便已明媚动人。这是属于卢氏的美，宛如千年不变的白月光。

最是难忘那一抹倩影，长留心间，任红尘万千，不改初时容颜。

有一日，官氏读到了这首词，字字深情，令她哽咽，她忍不住轻叹道："果然，人不如故。"

官氏很羡慕卢氏，能够有这样一个痴情男子深爱着她。

可她呢？她有什么？

她不爱容若，也未曾得到过容若的爱，只是空有一个"纳兰夫人"的头衔，在华丽与寂寞中度日如年。

后来，官氏也曾穿过折枝花样的衣裙，不过，她终究变不成卢氏。

时光流逝，带不走容若的心伤，那伤口越来越深，已无法愈合。康熙二十二年（1683），容若写下一首关于"十年"的词。

## 虞美人

银床淅沥青梧老，屧粉秋蛩扫。采香行处蹙连钱，拾得翠翘何恨不能言。

回廊一寸相思地，落月成孤倚。背灯和月就花阴，已是十年踪迹十年心。

十年前，容若与卢氏大婚，新婚宴尔，如胶似漆，那时候，时间仿佛没有尽头，日子只剩下甜蜜，谁会想到，三年后，一切都将毁灭。农历五月三十，容若会用一生记住这个令人窒息的日子。那日，他紧紧地握着她的手，不敢放开，生怕放开的瞬间，她便会消失不见。

井边的梧桐树在淅沥的雨声中老去，挚爱之人在蟋蟀的叫声中消失。

容若旧地重游，又来到梧桐树下，那里曾有他们相爱的回忆，秋风萧萧，穿林而过。此时，梧桐花落，青苔满阶，荒无人迹。俄然间，他望见荒草丛中的翠翘，缓缓拾起，竟是卢氏的遗物。

他心中疑惑，她何时将翠翘丢在了这里？

可惜，他永远得不到答案，只能悲伤地叹息："拾得翠翘何恨不能言。"

回廊之处，满地相思，走着旧时的路，想着旧时的她，唯有落月相伴，唯有独倚斜阑。终究是来不及，来不及留住她远离人世的孤魂，只能任由她化为散落人间的月光，洒在他的岁月之上。

他寻找着过去的痕迹，却只遇见了月光、花荫。十年前的踪迹未曾改变，十年前的心跳未曾停止，十年，爱了十年，等了十年，只恨一生太短暂。

陈奕迅的《十年》中唱道："成千上万个门口，总有一个人要先走。怀抱既然不能逗留，何不在离开的时候。一边享受，一边泪流。十年之前，我不认识你，你不属于我，我们还是一样，陪在一个陌生人左右，走过渐渐熟悉的街头。"

十年之后，他的身旁有了官氏，如果黄泉之下能相见，卢氏可能原谅他的放手？

她一定会原谅，因为她是卢氏，无人可以替代的女子。

## 【4】不信归来真半百

可还记得康熙十五年（1676）的故事？

那年，容若对顾贞观承诺："绝塞生还吴季子，算眼前、此外皆闲事。"

五年为期，他必定救吴兆骞归京。

康熙二十年（1681）七月，夏时，北国的风未暖，终日阴雨连绵，这算是宁古塔较好的天气，至少没有冰封千里，寸步难行。一处破旧的庭院内，一位老者手握狼毫笔，在宣纸上一遍遍书写着"当归"二字，笔势雄健洒脱，苍劲有力。几日前，他还是戴罪之身，一家老小困于宁古塔，多亏贵人解救，内廷"还乡诏下"，终于得到赦免。

九月二十日，大雪纷飞，河水尽冻，吴兆骞自宁古塔启程。

一队车马缓缓驶出宁古塔，马车上载着男女老少，行囊书卷，有兵丁护送，路人见状，便知车上之人不同寻常。

马车上，吴兆骞拿出那本《饮水词》，泪水顿时湿了眼眶。

他心中默默想着：一定要见到容若。

路途遥遥，马车行了半月，直到十月，才抵达京师。

离开时，还是少年模样，归来时，已是白发苍苍。二十年的苦难生活已磨平了他的锐气，此时，他只是一个老人，步履蹒跚，木讷寡语，面对昔日好友，哽咽不能言。

徐乾学设宴，为他接风洗尘，席上，作有《喜吴汉槎南还》诗，和者后多至数十百人。

容若也写诗《喜吴汉槎归自关外，次座主徐先生韵》记之，诗云："才人今喜入榆关，回首秋笳冰雪间。玄菟漫闻多白雁，黄尘空自老朱颜。星沉渤海无人见，枫落吴江有梦还。不信归来真半百，虎头每语泪潺潺。"

朱颜老去，年过半百，往事不堪回首，即便人已归来，心也不似当年,苦难已渗入骨血,将伴随他的一生。

康熙二十一年(1682)上元夜,纳兰容若与朱彝尊、陈维崧、严绳孙、顾贞观、姜宸英、吴兆骞、曹寅等共集花间草堂,饮宴赋诗。那夜,草堂悬挂着纱灯,纱灯上绘着历朝历代的传奇故事,众人观灯赋诗。

**水龙吟·题文姬图**

须知名士倾城,一般易到伤心处。柯亭响绝,四弦才断,恶风吹去。万里他乡,非生非死,此身良苦。对黄沙白草,呜呜卷叶,平生恨、从头谱。

应是瑶台伴侣,只多了、毡裘夫妇。严寒膚粟,几行乡泪,应声如雨。尺幅重披,玉颜千载,依然无主。怪人间厚福,天公尽付,痴儿騃女。

这是一首题画词,根据词中的内容,应是《文姬思汉图》。

蔡琰,字昭姬,晋朝避司马昭讳称称文姬,文学家蔡邕之女,精通音律。蔡邕一生共有两大乐器,一是柯亭笛,二是焦尾琴。柯亭笛,传说是他拆柯亭时,用第十六根竹子制成的笛子,音色绝妙,只可惜,蔡邕死后,柯亭笛终成绝响。焦尾琴,据说有人烧桐木时,蔡邕闻火烈之声,知其是良木,便救下桐木,并制成七弦琴,因其尾尚留有焦痕,故名"焦尾"。

蔡文姬少时听父亲蔡邕弹琴，一次，琴弦忽断，蔡文姬在屋外听之，低声道："第二根弦断了。"蔡邕低头一看，果真如女儿所言，蔡邕故意弄断另一根弦，文姬又道："是第四根琴弦。"

"柯亭响绝，四弦才断，恶风吹去"，笛音绝，琴弦断，繁华毁于一场"恶风"。东汉末年，大将军何进被宦官十常侍杀害后，董卓进军洛阳，诛杀十常侍，把持朝政。为巩固自己的权势、地位，董卓开始笼络蔡邕，将他一日连升三级，三日周历三台，拜中郎将，后又封他为高阳侯。董卓在朝中的所作所为，引起各方势力不满，董卓被吕布杀害后，蔡邕也被治罪。蔡邕请求黥首刖足，以完成《汉史》，士大夫也多矜惜而救他，可惜，他终免不了一死。董卓死后，天下大乱，军阀混战，匈奴趁机劫掠中原一带，蔡文姬被匈奴左贤王掳走。

"万里他乡，非生非死，此身良苦"，蔡文姬在寒冷的北方生活了有十二年之久，这十二年来，她的精神上承受着巨大的屈辱。归家之路遥遥，故土难忘，骨肉难抛，她该如何抉择？天下之大，此身何去何从？终于有一日，曹操派去了使者，以千金赎回蔡文姬，她在家园与孩子之间，选择了家园，母子生死离别，肝肠寸断。

黄沙白草，北风卷叶，忧思漫漫，她走在塞上的荒野之上，回身时，已不见孩子的身影，虽心痛难忍，却还是坚定地往中原的方向走去。后来，蔡文姬作千古绝唱《胡笳十八拍》，将一生之恨娓娓道来。

这首词正是借蔡文姬事咏吴兆骞事,曹操赎蔡文姬,容若救吴兆骞,无关利益,只关情谊。曹操与蔡邕志趣相投,交往甚密,解救蔡文姬也是情理之中。那么,容若呢?他与吴兆骞素不相识,只因此人是友人之友,便用五年的时光,为其奔波,为其等待。

容若又望见一幅《柳毅传书图》,又写下一首诗。

### 赋得《柳毅传书图》次陈其年韵

黄陵祠庙白苹洲,尺幅图咸万古愁。
一自牧羊泾水上,至今云物不胜秋。
花愁雨泣总无伦,憔悴红颜画里真。
试看劈天金锁去,雷霆原恼薄情人。
晶帘碧砌玉玲珑,酒滴珍珠日未中。
忽报美人天上落,宝筝筵里尽春风。
凝碧宫寒覆羽觞,洞庭歌罢意茫茫。
玉颜寂寞今依旧,两鬓风鬟枉断肠。

柳毅传书又称柳毅奇缘,是一段古老的爱情故事。秀才柳毅赴京赶考,路过泾河河畔,望见一位牧羊女痛哭。柳毅停下脚步,询问一番,才知此女乃是洞庭龙女三娘,自从嫁给泾河小龙后,小龙生性风流,三娘惨遭欺凌,痛苦不堪。柳毅听后,仗义为三娘传送家书,入海见洞庭龙王。洞庭龙王碍于与江河龙王多代联姻,便想大事化小,息事宁人。洞庭君的弟弟钱塘君惊闻侄女被囚，立即带兵奔赴泾河，杀死泾河小龙，救回龙女。三娘得救后，深感柳毅传书之恩，愿以身相许，柳毅为避施恩图报之嫌，拒婚而归。龙女三娘一片情深，与其父洞庭君化为渔家父女，同柳家为邻，日久生情，后坦白身份，柳毅难以推辞，便与龙女结为夫妻。

柳毅救龙女，历经千辛万苦，容若救吴兆骞何尝不是一波三折。先是在御前献上吴兆骞的《长白山赋》，令康熙对其大加赞赏，后又联络徐乾学、徐元文以及文华殿大学士宋德宜等人，醵金两千，并以认修工程名义为吴兆骞赎罪。吴兆骞抵达京师时，已是垂暮之年，无处安家，容若留他暂住在明珠府，做弟弟揆叙的老师，给了这位老人一个家。

"玉颜寂寞今依旧，两鬓风鬟枉断肠"，漂泊数年，救回了人，却救不回心，他终究成了世上最孤单的人。

那夜，宴席结束，喧闹过后便是长久的沉寂。酒尽人散，人们匆匆而来，匆匆而去，皆是红尘过客。

上元节后，顾贞观又离京了，五月，陈维崧因头痛而卒。

世事无常，命不由己，欢笑能几时？唯愿不负今朝。

## [5] 聒碎乡心梦不成

上元节过后，容若也离京了，随康熙帝北上，从京城启程，一路往北，出山海关，至奉天。

北国风光，冰封千里，满洲祖先曾在这里生息繁衍，养育一代又一代敢爱敢恨的勇士，行走在这片土地上，每个人的感受都是不同的，有人心潮澎湃，有人愁绪满怀。

这天夜里，风雪交加，行军驻扎在荒野之上，侍卫们围坐在炭盆旁，低声闲谈。千帐灯下，是无数男儿思家的心。

### 长相思

山一程，水一程，身向榆关那畔行，夜深千帐灯。

风一更，雪一更，聒碎乡心梦不成，故园无此声。

行过一程山，一程水，跋山涉水，一程又一程，向着山海关进发，离京师越来越远。夜深了，千万帐篷亮起昏黄的灯。帐外是寒，帐内是暖，容若静坐在帐中，听着外面的风雪之声，不禁思念起京中亲友。

风一更，雪一更，夜半三更，风雪不断，惊碎了多少将士的思乡梦。故园，从未有过这般风雪聒噪之声。

长相思，思故乡，思故人，这冰冷的飞雪何时方休？

### 采桑子·塞上咏雪花

非关癖爱轻模样，冷处偏佳。别有根芽，不是人间富贵花。

谢娘别后谁能惜，漂泊天涯。寒月悲笳，万里西风瀚海沙。

不知从何时开始，容若竟渐渐地爱上了雪花，并非因为它轻舞飞扬的姿态，而是因为它不惧寒冷的精神。雪花，因寒而生，无根却似有根，不是人间富贵之花。牡丹，花之富贵者也。人间之花，终究逃离不开尘土，雪花却不同，它来自苍穹，纷纷落下，不染尘埃，乃是世间最纯洁之花。

容若，出身富贵门阀之家，他便是世人眼中的富贵花。可他偏偏不喜那身份、那地位、那荣光，他只愿如雪花般，独立于世间，这句"别有根芽，不是人间富贵花"说的正是词人自己。

"谢娘别后谁能惜"，又提到了谢娘。谢道韫幼时曾言"未若柳絮因风起"，将雪花比作柳絮。此时，容若身处塞外，所思所想的"谢娘"又会是何人？卢氏，唯有这个女子会让容若肝肠寸断，也唯有她懂得容若并非人间之花，只可惜，"谢娘"已过世，再无人怜惜他。

寒月照着痴情人的心，笳声悲凉，那漂泊无依的雪花任由西风将自己吹向茫茫大漠。

康熙二十一年（1682）八月，康熙皇帝口谕："罗刹犯我黑龙江一带，侵扰虞人，戕害居民，昔发兵进讨，未获剪除，历年已久。近闻蔓延益甚，过牛满、恒滚诸处，至赫哲、飞牙喀虞人住所，杀掠不已。尔等此行，除自京遣往参领、侍卫、护军外，令毕力克图等五台吉率科尔沁兵百名，宁古塔副都统萨布素等率乌喇、宁古塔兵八十人，至打虎儿、索伦，一面遣人赴尼布潮，谕以捕鹿之故，一面详视陆路近远，沿黑龙江行围。径薄雅克萨城下，勘其居址形势。度罗刹断不敢出战，若以食物来馈，其受而量答之。万一出战，姑勿交锋，但率众引还，朕别有区画。"

为阻止沙俄侵犯边境，康熙派都统郎坦、彭春、萨布素等一百八十人"觇唆龙"，以狩猎为名，由山海关出辽东，经吉林至墨尔根，再向北至雅克萨，对沙俄军事部署进行侦察。

纳兰容若奉命参与这次隐秘的任务，对当地的地形、气候等进行勘察。姜宸英的《通议大夫一等侍卫进士纳腊君墓表》中曾写："二十一年（1682）八月，使觇梭龙羌。其地去京师重五六十驿，间行或累日无水草，持干粮食之。取道松花江，人马行冰上竟日，危得渡。仅抵其界，卒得其要领还报，上大喜。君虽跋涉艰险，归时从奚囊倾方寸札出之，叠数十纸细行书，皆填词若诗，略记其风土方物。虽形色枯槁不自知，反遍示客，资笑乐。"

这一路，风霜刺骨，路途凶险，危险时刻相伴。此时，容若不再是那个抑郁难舒的林下书生，他是英勇善战的战士，为天下百姓而深入险境，豪迈之气丝毫不输给先祖。稍有闲暇之时，便将所见所闻记录下来，诗词文稿，写了满满数十张纸。

### 沁园春

试望阴山，黯然销魂，无言徘徊。见青峰几簇，去天才尺；黄沙一片，匝地无埃。碎叶城荒，拂云堆远，雕外寒烟惨不开。踟蹰久，忽砯崖转石，万壑惊雷。

穷边自足秋怀。又何必、平生多恨哉。只凄凉绝塞，蛾眉遗冢；销沉腐草，骏骨空台。北转河流，南横斗柄，略点微霜鬓早衰。君不信，向西风回首，百事堪哀。

上阕写塞外环境，遥望阴山，不禁让人黯然神伤，沉默地徘徊在荒野上。远处，青峰入云，黄沙一片，不见一丝尘埃。唐代西域有两个名镇，分别是碎叶城和拂云堆。词中写"碎叶城"早已荒芜，"拂云堆"也已遥远。容若踟躇不前，忽听山崖上巨石撞击，犹如万壑中的惊雷之声。

塞外之险惊心动魄，日日如此，在荒芜与轰鸣中前行，不畏前路荆棘，不惧漫漫风雪。

"穷边自足秋怀"，荒凉的塞外本就惹人惆怅，"又何必、平生多恨哉"，又何况，人生多恨，古往今来，多少离愁。王昭君出塞，美人逝去，独留青冢向黄昏。燕昭王为天下贤士而筑黄金台，如今也已掩埋在荒草之中。河流依旧北去，斗柄仍旧向南，愁苦的人却已双鬓微霜，未老先衰。

容若站在西风中，回首往事，才觉百事堪哀。

历史上，多少宫阙楼亭都化为尘土，君王美人皆成孤冢，西风凛冽，吹断离人心。

这一刻，容若忽然很想回家。他怕终有一日，沧海桑田，物是人非，自己会失去更多。

## ［6］乌衣巷口绿杨烟

江南，多少文人的梦。

容若也曾无数次地梦见江南，烟花三月，凭栏而望，游丝软系飘春榭，落絮轻沾扑绣帘，远离世俗喧嚣，心怀笔墨，煮一壶清茶，焚一枚心香，等一位故人。盼花期，叹花期，浮生之乐抵不过一纸诗文，愿在白云之下，对酒当歌，将惆怅遗忘，将欢喜珍藏。

江南有佳人，容若也曾听闻一位佳人，名为沈宛，字御蝉，浙江乌程人，江南才女，天资聪颖。数年前的某一日，他收到顾贞观的信笺，信上从未谋面的两个人产生了一种心有灵犀的情感，于天涯两端，默默相思，期盼着相逢之日。

于是，江南成了容若的心上之莲，于某个寂静的午后，悄然绽放。

康熙二十三年（1684），顾贞观带着沈宛千里迢迢往京城而去，离相见仅有一步之遥。不巧的是，康熙要南巡，容若身为一等侍卫须扈从左右，当容若踏上南巡之路时，顾贞观已到了京师，他们就这样错过了。

这是一次漫长的远行，容若感触颇多，他看见了未曾见过的风景，南国江棹，秦淮明月，二十四桥，烟雨楼台，像一场清风微醺的梦，沉醉在水色花间。遥想渌水亭的知己们，多少人生于江南，长于江南，在如诗如画的水乡里，写下缠绵悱恻的诗篇。

许久之前,当容若读到江南文人的著作时,便心生向往。如今,他到了这里,仿佛回到了心之故乡,身心回归宁静,不再孤独彷徨。他原本就属于这种静谧的地方,他原本就爱这样安逸的生活。

### 梦江南·其一

江南好,建业旧长安。紫盖忽临双鹢渡,翠华争拥六龙看,雄丽却高寒。

建业,今江苏南京,汉代为秣陵县,公元229年,孙权在此建都,改秣陵为建业。"长安"一词在这里代指都城。"紫盖""翠华"都是帝王的仪仗,此处描写的正是康熙南巡的盛况。六朝古都,帝王巡视,已是江山雄丽,退却了高寒。

### 梦江南·其二

江南好,城阙尚嵯峨。故物陵前惟石马,遗踪陌上有铜驼。玉树夜深歌。

这日,他们到了南京孝陵,明太祖朱元璋的陵墓,此陵墓曾规模极大,可惜毁于兵火,只留下石人石马。"铜驼"出自晋代文学家陆机《洛阳记》,其中记载洛阳有一条铜驼街,街上有汉代铸造的三座铜驼,甚是热闹,后来,索靖预见天下将要大乱,指着铜驼叹息:"将来要在荆棘中见到你了。"

江南，明朝遗迹犹在，容若依旧可以想象出当年的繁华，怎奈国已破，唯剩断壁残垣。这一日，康熙祭明孝陵，他没有如先祖那般嘲讽朱元璋，只言："明太祖，一代开创令主，功德并隆。"这一句话，便稳住了汉人的心。

### 梦江南·其三

江南好，怀故意谁传？燕子矶头红蓼月，乌衣巷口绿杨烟。风景忆当年。

燕子矶，南京城外的名胜，形似燕子展翅欲飞，古代重要的渡口，康熙的御船正是留在此处。红蓼，多生于水边，花呈淡红色。"燕子矶头红蓼月，乌衣巷口绿杨烟"正是对仗之句，燕子矶头，红蓼丛生，乌衣巷口，杨柳如烟，如此风雅之地，怎能不忆当年？当年，秦淮河畔的乌衣巷，正是晋代门阀世族王、谢两家的府邸，有诗云："旧时王谢堂前燕，飞入寻常百姓家。"江南，总能勾起诗人对历史的追忆，毕竟，这里有古人行过的路，走过的桥。

### 梦江南·其四

江南好，虎阜晚秋天。山水总归诗格秀，笙箫恰称语音圆。谁在木兰船？

虎阜，虎丘，苏州名胜。康熙帝于十月二十六日到苏州，次日游虎丘。相传，春秋时期的吴王阖闾葬于此，葬后三日有白虎踞其上，故名虎丘。词中描写此处山清水秀，笙箫之音与吴侬软语相称。"木兰船"出自《述异记》："木兰舟在浔阳江中，多木兰树；昔吴王阖闾植木兰于此，用构宫殿也。七里洲中，有鲁班刻木兰为舟，舟至今在洲中；诗家云木兰舟，出于此。"这一日，容若亦作诗《虎阜》："孤峰一片石，却疑谁家园。烟林晚愈密，草花冬尚繁。人因警跸静，地从歌吹喧。一泓剑池水，可以清心魂。金虎既销灭，玉燕亦飞翻。美人与死士，中夜相为言。"

### 梦江南·其五

江南好，真个到梁溪。一幅云林高士画，数行泉石故人题。还似梦游非。

终于到了梁溪，梁溪也是无锡的代称。原来，这就是好友顾贞观的家乡！容若行到这里，心中泛起一种别样的情绪，他所见之景，曾无数次被故人题咏。从前，渌水亭中，他们吟诗作对之时，那些江南的文人墨客时常会谈论起江南风情，那里的山，那里的水，那里的人，美如梦境。如今，容若置身在水乡之中，亦有似在梦中之感。

### 梦江南·其六

江南好，水是二泉清。味永出山那得浊，名高有锡更谁争。何必让中泠。

这首词是写无锡的惠山泉,茶圣陆羽评此地为"天下第二泉",故有"二泉"之称。这里的泉水清澈甘甜,最宜烹茶,更无第二处的泉水能与之相争。"中泠"乃是中泠泉,早在宋代就闻名天下,文天祥有诗写道:"扬子江心第一泉,南金来此铸文渊。男儿斩却楼兰首,闲品茶经拜羽仙。"

### 梦江南·其七

江南好,佳丽数维扬。自是琼花偏得月,那应金粉不兼香。谁与话清凉。

维扬,扬州的别称。烟花三月下扬州,康熙下扬州时已是十月,只在扬州停留半日。扬州最著名之处莫过于琼花与明月,当年隋炀帝听说琼花盛开,命人开凿运河,愿跋涉千里,只为看琼花一眼。至于明月,扬州的明月似乎与别处不同,徐凝《忆扬州》中云:"天下三分明月夜,二分无赖是扬州。"其实,月还是当年的那个月,只是观月者的心境因扬州的风景而变得宁静,便觉月色动人。

### 梦江南·其八

江南好,铁瓮古南徐。立马江山千里目,射蛟风雨百灵趋。北顾更踌躇。

这一日,康熙乘船前往镇江金山寺,途中遇到风雨,容若看到了不一样的江南。铁瓮,铁瓮城,是三国时孙权所建。据史书记载,康熙曾言自己前往镇江金山寺时,遇狂风暴雨,众人惊慌降下船帆,康熙面无畏惧,下令满帆前行,并站在船头射江豚。射蛟,汉武帝冬日南巡,曾在长江中射蛟。容若以此喻康熙的英武。

## 梦江南·其九

江南好,一片妙高云。砚北峰峦米外史,屏间楼阁李将军。金碧矗斜曛。

妙高,金山顶端的妙高峰。南唐后主李煜有一方砚台,雕刻有三十六座山峰,故称为砚山。南唐国破后,这砚台流落到画家米芾手中,米芾用砚台换了宅地。到了南宋时期,这座宅子归岳飞的孙子岳珂,岳珂又在此修建园林,名为砚山园。一方砚台,经历几朝几代的风雨,又引出多少故事。金山之上多佛寺,容若本是心中有禅之人,古刹晚钟,此时,他想到了何人?

## 梦江南·其十

江南好,何处异京华。香散翠帘多在水,绿残红叶胜于花。无事避风沙。

江南到底哪里与京城不同？那里瀑布流水散发着淡香，绿叶残败转为红色，也胜于京城的繁华。这里无所牵挂，无所忧愁，远离俗世的复杂，远离人情的凉薄。

这里，是多少人的心之所向？

那沾着雨水的青石板路，那撑着油纸伞的少女，那停靠在断桥旁的乌篷船，那栖身梁间的雨燕，这一切，都是江南，却不是容若心中的江南。

究竟少了什么？

那年，行过山水，穿过雨巷，青砖黛瓦之间，他静静伫立，叹息着：这山，这水，这梦里江南，终是少了一人相伴。

此时，他想到了许多人，顾贞观、朱彝尊、吴兆骞，还有卢氏……

爱妻过世多年，好友尚在远方，独留他一人听风赏月，将孤独的影子留在人间。

幸好，还有一位好友在江南等着他。

此人便是曹寅。

这年六月，曹寅的父亲曹玺病逝于任上，康熙帝抵江南，特遣致祭。容若与曹寅相见，自是诸多滋味在心头，免不了彻夜长谈。

曹家，容若终于见到了传闻中的楝亭，树荫之下的小亭，甚是幽静。这时，只听曹寅缓缓道出楝亭的由来："家父任江宁织造后不久，便从燕子矶边移来一棵黄楝树，栽于庭院之中，树大成荫,家父就命人在树下建造此亭,以树为名,名为楝亭。"

这亭子伴随着曹寅成长,一砖一瓦皆是回忆,之后,曹寅会以"楝亭"为自己的号,著作也取名为《楝亭集》,都是因为当年父亲种下的一棵黄楝树,此树此亭对曹寅影响颇深。可以想象,曹寅幼年时在树下读书习字以及夏日纳凉手摇蒲扇的样子……

这一夜,曹寅谈起自己年少的往事,又谈起父亲的一生,不禁潸然泪下。

容若为他写下一首《满江红》,备注为曹子清题其先人所构楝亭,亭在金陵署中。

## 满江红

籍甚平阳,羡奕叶、流传芳誉。君不见、山龙补衮,昔时兰署。饮罢石头城下水,移来燕子矶边树。倩一茎、黄楝作三槐,趋庭处。

延夕月,承晨露。看手泽,深余慕。更凤毛才思,登高能赋。入梦凭将图绘写,留题合遣纱笼护。正绿阴、青子盼乌衣,来非暮。

上阕写亭的由来,人的回忆,又称颂曹氏先祖声名显赫,子孙后代得朝廷重恩。

"倩一茎、黄楝作三槐,趋庭处"意思是以一楝作三槐,相传周代便有三公朝见天子时面三槐而立,后世常以三槐喻三公等高官。《古文观止》中有一篇苏轼所著的《三槐堂铭》：北宋初年，兵部侍郎王佑善于文章，颇有政绩，他相信王家的后代必出公相，于是，在院子里种下三棵槐树。后来，其子王旦果真做了宰相，人称"三槐王氏"，并在开封建了一座三槐堂。曹氏先人种黄楝树之举，是对后世子孙们的厚望与祝福。

下阕写亭和人的将来，时光荏苒，先人已逝，曹寅的才华丝毫不逊于先生，日后，定能继承遗风。江宁之地，在曹家的治理下，亦会百姓富庶。

这首词虽算不上佳作，却也是情真意切，由景入情，自然流畅。

后来，果真如词中所写一般，康熙厚待曹家，命曹寅任江宁织造，康熙六次南巡，其中四次住曹寅家。

而曹寅与康熙在密折中所写的话更是亲密如家人。

听闻曹寅生病了，康熙便在密折中写：惟疥不宜服药，倘毒入内，后来恐成大麻风症。出海水之外，千方不能治。小心！小心！土茯苓可以代茶，常常吃去亦好。

有人弹劾曹寅亏空，康熙暗中提醒：风闻库帑亏空者甚多，却不知尔等作何法补完？留心，留心，留心，留心！

曹寅的风寒转为疟疾，康熙立即命人送药，并嘱咐：若不是疟疾，此药用不得，须要认真。万嘱！万嘱！万嘱！万嘱！

直到曹寅过世之后，康熙为保全曹家家产，特命曹寅之子曹颙继任江宁织造。康熙与曹寅之间的关系早已超越了普通君臣，他们更像是异姓兄弟。或许，康熙二十三年（1684）的南巡，康熙本就是为见曹寅而去。

那么，容若呢？同样陪伴在康熙身边数年，如果容若没有英年早逝，那他和康熙之间的密折又会写些什么？

## [7]明月多情应笑我

康熙二十三年（1684）十月十八日，吴兆骞因疾客死于京师，时年五十四岁。

这一噩耗传到江南，容若顿觉剜心之痛，世间又少一位鸿儒。

一年前，吴兆骞返回故里，在友人的资助下，建屋舍三间，命名为"归来草堂"，归来二字，何其珍贵。从流放到归来，整整经历二十三年，当吴兆骞回到江南时，他年迈的身躯已不适应那里的水土，大病数月后，不得不赴京治病。多么可悲，一个流放之人心心念念的便是回到家乡，回去之后，却已物是人非，为了活着，最后的时光也无法在故土度过，客死异乡，何其孤独，何其痛苦。

不久之前，容若得知吴兆骞病重，怀着沉痛的心情给严绳孙寄去一封信，信中写道："中秋后曾于大恩僧舍以一函相寄，想已入览矣。弟秋深始归，日直驺苑，每街鼓动后，才得就邸。曩者文酒为欢之事，今只堪梦想耳。兹于廿八日又扈东封之驾，锦帆南下，尚未知到天涯何处，如何言归期耶？汉兄病甚笃,未知尚得一见否,言之涕下。弟比来从事鞍马间,益觉疲顿。发已种种,而执发如昔。从前壮志,都已隳尽。昔人言:身后名不如生前一杯酒,此言大是。弟是以甚慕魏公子之饮醇酒,近妇人也。行前得吾哥手书,知游况不佳,甚为悬念。然人世常情,毋足深讶。东封返驾,计吾哥已到都亭,当为弹指画谋生之计。古人谓:好官不过多得金耳。吾哥但得为饱暖闲人,又何必复萌宦情耶?吾哥所识天海风涛之人,未审可以晤对否?弟胸中块磊,非酒可浇,庶几得慧心人以晤言消之而已。沦落之余,方欲葬身柔乡,不知得如鄙人之愿否耳。乘舆南往,恐难北上,如尚未发棹,须由中州从陆。以岁前为期,便当别置帷房,以炉茗相待也。"

人生苦短,如白驹过隙,吴兆骞年岁已高,病重多年,恐怕回天乏术。容若伤感之时,不禁想到了自己的现状,从事鞍马间,壮志难酬,已是身心疲顿。此时,他想见一个人,一个慧心之人。

这个人就是江南名妓沈宛。

清代谢章铤的《赌棋山庄词话》中言:"容若妇沈宛,字御蝉,浙江乌程人,著有《选梦词》。述庵词综不及选。菩萨蛮云:'雁书蝶梦皆成杳,月户云窗人悄悄。记得画楼东,归骖系月中。醒来灯未灭,心事和谁说。只有旧罗裳,偷沾泪两行。'丰神不减夫壻,奉倩神伤,亦固其所。"

世人对沈宛的才华甚是认可,沈宛的《选梦词》更是名动江南。当秦淮八艳的盛名渐渐远去,文人墨客也期待着出现一位风尘才女，在世间留下惊鸿一瞥。沈宛的才与貌，正是文人所欣赏的风姿，琴棋书画，蕙质兰心，她便是容若信中提到的"天海风涛之人"。

江南之行结束，容若回到了京师，在顾贞观的安排下，他和沈宛见面了。

在此之前，他们曾有过鱼雁往来，也曾品读过对方的诗文，更知晓彼此的过去，他们早已是惺惺相惜的知己，只差一次相见。

宴席上，明月照庭院，红烛映佳人。她身着一袭鹅黄色的衣衫缓缓而来，宛转蛾眉，明眸善睐，霞姿月韵，如江南烟雨中的丁香花，淡雅、宁静。她站在那里，哪怕一动不动，也是极好的风景。

顾贞观引介道："这位是容若公子，这位是御婵姑娘。"

沈宛抬起头，秋水般的双眸静静地打量着容若，良久，轻柔地唤了他一声："公子。"

她是流落风尘的女子，于秦楼楚馆中迎来送往，置身烟柳之中，却独守寂寥。那些年，也曾遇见良人，只是并非她所爱，江南的文人都知道，沈宛的心始终为"容若公子"留有一寸净土。

就这样，沈宛走进了容若的生活，畅谈诗词，以文会友。他们如此默契，一个眼神，一个动作，便知道对方心中所想。对话之时，不免触及当年伤心之事，她总能三言两语化解他心中的忧思。

如此聪慧贴心的女子，已是举世难寻，甚至远远超过了已故的卢氏。

但是，她终是走不进容若的心。

容若是寂寞的，他千疮百孔的心早已封闭，满是枷锁。沈宛为他带去温暖，治愈他的伤痛，却无法找回那个鲜衣怒马的少年。那么，沈宛能做什么？只是陪伴。

她从不多问，从不多说，因为，她都知道。她知道卢氏，知道难产，知道那些痛彻心扉的诗文。她以为，只要陪着他，伴着他，终有一日，他会爱上自己。

痴情的女子总会对爱情抱有幻想，殊不知爱情本就是残忍，爱上一个人，就注定要负另一个人。

沈宛，这个江南女子，为了留在京师，努力适应这里的环境、气候、饮食、语言，女子本柔弱，有爱则刚。她知道他爱江南，便凭着记忆，画下江南的风景，为容若讲述那些他未曾见过的风土人情，她说："公子，我便是你的江南。"

她爱他，如卢氏一般，用生命爱他。

只是，这样的爱情终被世人所不容。

沈宛是汉人女子，又出身青楼，以她的身份，根本不可能踏入钟鸣鼎食之家。权倾朝野的纳兰明珠岂会不知这个女子的存在，早在沈宛进京之时，明珠便警告过她："莫要有非分之想。"

她的一片深情被评为非分之想，如此廉价，如此卑微。即便如此，她还是坚持留在容若身边，哪怕无名无分，也要留下来。

　　容若在德胜门内为她置办了一处宅院，又安排仆人贴身照顾，事事周全，只是这样的周全，却让人心生悲凉。沈宛知道，那不是爱，而是怜惜。

　　纳妾之时，没有喜服，没有锣鼓，沈宛只拿一张红纸，寂寂地剪了一对"囍"字。黄昏时候，几位好友前来道贺，有人为他们写了一首词。

## 贺成容若纳妾

　　佳人南国翠蛾眉。桃叶渡江迟，画船双桨逢迎便，希微见，高阁帘垂。应是洛川瑶璧，移来海上琼枝。

　　何人解唱比红儿。错落碎珠玑。宝钗玉臂樗蒲戏，黄金钏，幺凤齐飞。潋滟横波转处，迷离好梦醒时。

　　词中的南国佳人正是沈宛，贺喜之词本就是辞藻华丽，新婚宴尔，好一对苦命的鸳鸯，只能在这偏僻的宅院中度过新婚之夜。不过，金风玉露一相逢，便胜却人间无数。

　　小小的庭院中，偶尔能传出琵琶声，婉转动听，街坊四邻都清楚那里住着什么人，又有什么人常来此处。人们称她为容若的红颜知己。侍卫公务繁忙，容若极少来到此处，大多数的时间，沈宛都是在等待。

　　那些寂静的日子，闲翻诗书，再赋新曲，她也会写下伤感的词，如《临江仙》："难驻青皇归去驾，飘零粉白脂红。今朝不比锦香丛。画梁双燕子，应也恨匆匆。迟日纱窗人自静，檐前铁马丁冬。无情芳草唤愁浓，闲吟佳句，怪杀雨兼风。"

风雨之日，雨落窗前，她独坐家中，听着凄凉雨声，望见落花飘零，心中生出一股哀愁。北方的雨天总是浸着丝丝寒意，扑在人脸上，恍然以为是深冬的冰雪，这一刻，她想家了。

偶然间，容若望见那抹寂寞的身影，深深地刻入他的心中，直到许久之后，他想起，依旧会痛彻心扉。

### 浣溪沙

欲问江梅瘦几分，只看愁损翠罗裙。麝篝衾冷惜余熏。

可耐暮寒长倚竹，便教春好不开门。枇杷花底校书人。

将她比喻成江梅，简直再合适不过。江梅，野梅，她本就是不受束缚的梅花，傲然于世，凌寒而开，她如此坚强，哪怕面对纳兰明珠，也不卑不亢，以一己之力与权贵抗衡。若问这枝梅花瘦了几分，且看她的翠罗裙宽松了多少。清风拂过，衣袂飘然而起，人比花瘦。

麝香已燃尽，那一丝丝余香最让人怜惜。她素在焚香，此时，竟也不愿再添新香。

寒冷的暮色中，她倚着修竹，静静地等待一个人。

为何不出门？外面皆是流言蜚语，她哪里敢踏出这里半步。

她宁愿坐在枇杷花下，写诗填词，等他来时，为他煮一壶清茶，再亲手烹制几样江南糕点。

沈宛所求并不多,她愿这般照顾着他,只要他不拒绝,她可以爱一辈子。

可是,容若对亡妻的深情,终是让她伤心欲绝。

### 梦江南·其十一

昏鸦尽,小立恨因谁?急雪乍翻香阁絮,轻风吹到胆瓶梅,心字已成灰。

这首词的开头,没有"江南好"三字,因为,江南已非江南。每个人心中都有一个江南,而容若的江南便是沈宛。

这日黄昏,他来到熟悉的宅院,推开门,已是人去楼空。她什么也没有带走,什么也没有留下,亦如来时。天空中,昏鸦掠过屋檐,往远方飞去,渐渐消失在夕阳中。他独立小楼,终是恨自己负了她。

急雪翻飞,吹开旧时的窗子,雪花如柳絮般散落在香阁中,吹散了胆瓶中的那株寒梅。

容若拾起一片花瓣,淡淡残香入心,勾起多少回忆。他还记得,她折下寒梅的样子,白裙红袄,不施脂粉,恍惚间,他以为看见了卢氏,竟开口唤了卢氏的名字,飞雪之中,他瞧见沈宛落寞的神情。那日,她将梅花放进胆瓶中,点燃一枚心字香,凝视着袅袅青烟,低声道:"公子,我要回江南了,不必相送,不必挽留,只当我未曾来过。"

《词品·心字香》中言:"番禺人作心字香,用素馨茉莉半开者著净器中,以沉香薄劈层层相间,密封之,日一易,不待花萎,花过香成。"所谓的心字香,是用上等的沉香木切成薄薄的片,再将半开的茉莉花摘下,一朵朵铺在沉香木片上,封存一天一夜,等到花朵悄然绽放,再取出,换上新的茉莉花,直到沉香木与茉莉花的味道融合在一起,最后,再把沉香末篆成心字,此香方成。如此精致的香,单单放在那里,便是赏心悦目,何人又忍心将它烧成灰呢?心字香燃尽之时,容若的心也已成灰。

那寒梅、心字香,皆是沈宛对他日日夜夜的爱,可惜,终成了心底的伤。

南归途中,长路漫漫,沈宛行过一程山,一程水,宁舍心中相思,不走回头之路。她爱容若,却不愿如此卑微地爱着,所以,她只能选择离开他。前方,便是江南,他最爱的江南,如果可以,她愿意守着他最爱的地方,直到岁月老去。

归程,她写下一首又一首词,以解相思之苦。

### 一痕沙·望远

白玉帐寒夜静,帘幙月明微冷。两地看冰盘,路漫漫。

恼杀天边飞雁,不寄慰愁书柬。谁料是归程,怅三星。

### 朝玉阶·秋月有感

惆怅凄凄秋暮天。萧条离别后,已经年。乌丝旧咏细生怜。梦魂飞故国、不能前。

无穷幽怨类啼鹃。总教多血泪，亦徒然。枝分连理绝姻缘。独窥天上月、几回圆。

各自天涯各自愁，烟波渡口谁人留？风雨凄凄，乌篷船慢慢停靠在渡口，沈宛撑着油纸伞走下船，人归来了，心却已空了。

京城，又是一年花开时节。红颜远去，知己又离，容若独自坐在渌水亭中，明月夜，断愁肠，忽又想起南国姑娘。

### 采桑子

明月多情应笑我，笑我如今。辜负春心，独自闲行独自吟。

近来怕说当时事，结遍兰襟。月浅灯深，梦里云归何处寻。

谁叹明月最多情，竟也嘲笑他的无情，笑他如今孤身一人，辜负了那人的柔情痴心。时至今日，他都无法原谅自己，不爱一个人没有错，但是辜负了，总归是错。

近来，谁也不敢提起当初的事情。未见，他们写下一封封书信；初见，他们吟咏一句句诗文，最难忘记，她的琵琶一曲，唱尽了世间悲欢。她走之后，月光浅，灯火暗，梦里也寻不到她的踪迹。

容若抬头望着南方，此时，春风也应吹到了江南，她在做什么？是否还在怨恨他？

卷八　一宵冷雨葬名花

# [1] 君老江南我燕北

康熙二十四年（1685），淡泊名利的严绳孙终于辞官归乡。宦海五年，他夙夜兢兢，遭受过排挤弹劾，也经历过世态炎凉，早就存有归田隐居之心，如今，也算是得偿所愿。

那日，容若送别好友，回想初见之时，相识于康熙十二年（1673）。那时候，容若才十九岁，严绳孙比容若大了整整三十二岁，二人竟有同龄人的默契。后来，严绳孙应容若之邀，在明珠府借住两年，二人吟诗作赋，无话不谈。

而今，他要南归，他说，那里有他的家，那里有他的梦。

容若知道，严绳孙的志向从来不是仕途。

### 送荪友

人生何如不相识，君老江南我燕北。
何如相逢不相合，更无别恨横胸臆。
留君不住我心苦，横门骊歌泪如雨。
君行四月草萋萋，柳花桃花半委泥。

江流浩淼江月堕，此时君亦应思我。
我今落拓何所止，一事无成已如此。
平生纵有英雄血，无由一溅荆江水。
荆江日落阵云低，横戈跃马今何时。
忽忆去年风月夜，与君展卷论王霸。
君今偃仰九龙间，吾欲从兹事耕稼。
芙蓉湖上芙蓉花，秋风未落如朝霞。
君如载酒须尽醉，醉来不复思天涯。

从"人生若只如初见"到"人生何如不相识"，早已记不清经历了多少人事的变迁，凡人无法左右，或从容随缘，或肝肠寸断。

而今，方知人生永远不会如初见，再也不会写出"人生若只如初见"这般痴句。容若的世界到底从何时开始破碎的？也许是从沈宛离京，也许是从卢氏过世，也许是从表妹进宫，也许是更早……

如今，他送严绳孙南归，道出一句："人生何如不相识。"

这不是决绝，而是不忍分别。若从未相识，便不会在相聚后经历分别，也不会在美好时遭受苦难。聚散离合，乃人之常事，这一次，容若格外哀伤，许是想到了江南的另一个人。

## 水龙吟·再送荪友南还

人生南北真如梦,但卧金山高处。白波东逝,鸟啼花落,任他日暮。别酒盈觞,一声将息,送君归去。便烟波万顷,半帆残月,几回首,相思苦。

可忆柴门深闭,玉绳低、剪灯夜语。浮生如此,别多会少,不如莫遇。愁对西轩,荔墙叶暗,黄昏风雨。更那堪几处,金戈铁马,把凄凉助。


"人生南北真如梦",人的一生,南北奔走,恍若一场繁华梦。严绳孙的这一生,时而停留在北国,时而沉醉在水乡,走走停停,停停走走,往事如梦。而今,辞官归乡,梦境走到尽头,严绳孙终于可以做回自己,他可高卧金山之上,看波涛东流,鸟啼花落,任凭日暮降临,也无所牵挂。

一个真正自由的人,是身躯与灵魂都得到自由。容若羡慕好友得到了真正的自由,这种自己穷极一生都无法得到的自由。

容若为他斟满一杯离别的酒,深深地道一声:"珍重。"

烟波浩渺的水路,唯有孤帆与残月相伴,夜半之时,可会回首北望,尝尽思念之苦?忆当年,柴门紧闭,雨夜畅谈,道不完的知心话语,说不尽的肺腑之言。当年之事,仿佛就在昨日,转眼间,便要分离。浮生如此,别离多相聚少,不如从未相遇。

黄昏之时,容若独自一人站在风雨中,想起曾经金戈铁马的岁月，心中更是凄凉。

他目送着严绳孙远去的身影，想着：下一次相见，会是何年何月？

谁承想，这一别，竟是永别。

离别之时，一次次说着"后会有期"，岂料，后会无期。

## [2] 留君不住从君去

康熙二十四年（1685），容若刚过而立之年。这年初春，容若翻看着《花间集》，那些清丽的小词最宜这个时节品读，有景有情，有酒有歌，成就了词坛的繁荣。此时，他想起了一位故人。

四年前，他结识了参加进士考试的梁佩兰。梁佩兰，字芝五，号药亭、柴翁、二楞居士，广东南海人，自幼聪慧过人，记忆力超群，能"日记数千言"，于顺治十四年（1657）考中乡试，此后三十年赴京会试，皆落第。虽仕途不顺，却在文坛享有盛名，诗作每每被人抄传，名门贵族都以获得他的题咏为荣。

康熙二十年（1681），梁佩兰仕进不利，决定离京返粤，容若作词相送。

**点绛唇·寄南海梁药亭**

一帽征尘，留君不住从君去。片帆何处，南浦沈香雨。

回首风流，紫竹村边住。孤鸿语，三生定许，可是梁鸿侣？

容若也曾千方百计想要留住他，却终是留不住一颗对朝堂绝望的心，既如此，只好送君远去。客船扬帆何处去？只往那多雨的家乡而行。

梁佩兰时常提起隐居于紫竹村边的日子，怡然自得，风流潇洒，闻之，令人心神向往。容若从小生长在深宅大院，自是心怀自由、渴望山水为伴的日子。

词的最后，容若感叹："三生定许，可是梁鸿侣？"

那天空中的孤鸿，可是你寻觅三生的伴侣？归途，唯有孤鸿相伴，却并不觉得孤单，因为前方便是梦之彼岸。名利皆浮云，唯有清风、明月才是真。

离别之时的场景历历在目，如今，千里之外的好友可还平安？

还记得，二人也曾品读词卷，畅谈感想，一笑古今，而今，京师只剩下容若一人。

容若缓缓放下《花间集》，酝酿着与好友一同编纂词选，于是，提笔写下《与梁药亭书》。

仆少知操觚，即爱《花间》致语，以其言情入微，且音调铿锵、自然协律。唐诗非不整齐工丽，然置之红牙银拨间，未免病其板摺矣。

从来苦无善选，惟《花间》与《中兴绝妙词》差能蕴藉。

自《草堂》《词统》诸选出,为世脍炙,然陈陈相因,不意铜仙金掌中竟有尘羹涂饭,而俗人动以当行本色诩之,能不齿冷哉。

近得朱锡鬯《词综》一选,可称善本。闻锡鬯所收词集凡百六十余种,网罗之博、鉴别之精,真不易及。然愚意以为,吾人选书不必务博,专取精诣杰出之彦,尽其所长,使其精神风致涌现于楮墨之间。每选一家,虽多取至十至百无厌,其余诸家,不妨竟以黄茅白苇概从芟薙,青琐绿疏间粉黛三千,然得飞燕、玉环,其余颜色如土矣。

天下惟物之尤者,断不可放过耳。江瑶柱入口而复咀嚼,鲍鱼、马肝有何味哉?仆意欲有选如北宋之周清真、苏子瞻、晏叔原、张子野、柳耆卿、秦少游、贺方回,南宋之姜尧章、辛幼安、史邦卿、高宾王、程钜夫、陆务观、吴君持、王圣与、张叔夏诸人多取其词,汇为一集,余则取其词之至妙者附之,不必人人有见也。

不知足下乐与我同事否?有暇及此否?处雀喧鸠闹之场而肯为此冷淡生活,亦韵事也。望之。望之。

信的大意是:我很是喜爱《花间集》,言情入微,音律铿锵自然。唐诗虽好,却太过刻板。我一直苦恼没有一部优秀的词选,《花间集》《中兴绝妙词》两本书还算好些。经过《草堂》《词统》的选本刻印之后,虽脍炙人口,却也良莠不齐,许多庸俗作品也被当成好词,着实令人齿寒。最近,朱彝尊编成一本《词综》,可称为善本,其中收集了一百六十余种词集,网罗能力、鉴别能力,都是我所不及的。但是,我认为,编纂词集不必在意数量,而要求精。只要词作甚佳,可对一位词人多选录十篇,甚至百篇。如果词作不佳,可一首不用。天下最美的事物断然不能放过,如周清真、苏子瞻、晏叔原、张子野、柳耆卿、秦少游、贺方回、姜尧章、辛幼安、史邦卿、高宾王、程钜夫、陆务观、吴君持、王圣与、张叔夏等人的作品,我都有意多选,至于其余的词人,只选个别优秀的作品,不必人人都收录。不知梁先生可愿与我共事?可有闲暇之时?身处喧嚣之场而肯静下心来做此事,也算是冷淡生活中的一桩韵事了。

对于诗词,容若有一些独特的观点,这种观点与今人倒是颇有几分相似。佳作不在数量,而在精华,读词亦是如此,容若信中提到的几位词人,并非都是文坛大家,但各有千秋。古人填词只为抒怀、明志、缘情,容若是天生的词人,词中可见天下,词中可遇知己,词中可辨是非。

遥远的南国,梁佩兰收到信后,立即收拾行囊,往京城而来。

谁也没想到,这次相见,竟会是永别。

## [3] 人生何如不相识

纪伯伦说:"当你解答了生命的一切奥秘,你就渴望死亡，因为它不过是生命的另一个奥秘。生和死是勇敢的两种最高贵的表现。"

生命，到底是什么？大概就是一段漫长的路途，从来路到归途，本就没有多少时间，人们总是猜想，下一站，会是哪里？会遇到什么人？下一站，会不会就是终点？

康熙二十四年（1685），容若的生命走到了终点，以纯真之心，度过了人生最后的时光。

这一年，康熙亲手抄写了唐朝诗人贾至的《早期》诗赠予容若，又令容若赋《乾清门应制诗》，译《松赋》为满文。纳兰明珠早已揣测出圣意，不久之后，容若必将受到重用。

盛夏时节，渌水亭旁的两株树开花了，此花名为夜合花。古时有三种花的别称都为夜合花，分别是合欢、夜香木兰和卫矛，合欢开于盛夏，花呈粉红色，朝开暮合，故名"夜合"；夜香木兰夏季盛开，昼开夜合，故有"夜合"之称；卫矛初夏开放，化成白色，晓开夜闭，故名"明开夜合"。容若之弟纳兰揆叙有诗云："门前渌水亭，亭外泊小船。平池碧藻合，高树红缨悬。"合欢树，其花散垂如丝，上白下红，形如红缨，诗中"高树红缨悬"正是指合欢。况且，容若是多情之人，合欢树又名"有情树"，渌水亭旁种着两棵合欢树，很符合公子的性情。

夜合花开，自然要邀友人共赏。

于是，容若在家中设宴，写下几封请柬，分别送给了梁佩兰、顾贞观、姜宸英等好友。

那日，顾贞观来得早了些，饮茶之时，终是忍不住长叹一句："我不该带她来京城走一遭！"

他口中的"她"自是沈宛，顾贞观后悔了。一切的错都是因他而起，他以为容若有了沈宛，便会忘了旧伤，谁知容若竟没有一刻忘记过。如果沈宛未曾来过京师，也不会为情所伤，更不会黯然离去。她走时，连一封信都没有留下，何等绝望，何等悲伤。

一个女子选择放弃挚爱之人，不是因为不爱，而是因为太爱。很可笑，不是吗？

"何苦负她！"顾贞观惋惜着。

面对好友的叹息，容若什么也没说，只是不停地饮酒，一杯、两杯、三杯……是不是醉了，会忘记痛苦？

那夜，夜合花开了，顾贞观说："夜合花，又叫苦情花。"

古时候，一位寒窗苦读的秀才要进京赶考，临走时，妻子粉扇指着窗前的苦情树对他说："夫君此去，必定高中，只是京城繁花眯眼，切勿忘记回家的路。"秀才应诺而去，从此一去不复返。粉扇在家中等了一年又一年，直到白发苍苍，都未曾等到夫君。弥留之际，粉扇拖着病恹恹的身躯来到苦情树前，用生命发誓："若是夫君变心，从今往后，这苦情开花，夫为叶，我为花，花不败，叶不落，一生同心，世世合欢。"粉扇过世的第二年，苦情树果真都开花了，花朵如她的名字，淡淡的粉色，如一把把小扇子挂满枝头，花开叶展，花合叶卷，生生世世，永不分离。这一世，他们真的形影不离，只是，这样强求的爱情值得吗？苦情树，本就是将两个不爱之人捆绑在一起，何为苦情？不爱就是苦情。

### 夜合花

阶前双夜合，枝叶敷花荣。

疏密共晴雨，卷舒因晦明。

影随筠箔乱，香杂水沉生。

对此能销忿，旋移迎小楹。

这是容若的绝笔，吟咏成双的夜合花，一醉一咏三叹，他的人生甚至都不及这两株夜合花。

第二日，容若患了寒疾，一病不起。

自从十九岁那年忽得一场寒疾，往后的每一年，容若都会因寒疾而卧榻数日，他也曾感叹："人说病宜随月减，恹恹却与春同。""翠袖凝寒薄，帘衣入夜空。病容扶起月明中。惹得一丝残篆旧薰笼。""曾记年年三月病，而今病向深秋。"

寒疾，因寒邪所致的疾病。病者四肢无力，浑身疼痛难忍。容若初病时，所有人都以为他会如从前一样好起来，谁知病情竟一日比一日严重，一连七日，终不汗而死。

容若真正的死因，世人一直存疑，他到底是因病而逝还是因情而逝？那漫长的岁月，他经历了爱妻早逝，好友归乡，红颜生离，这些往事不断摧毁着他的灵魂，就连他最信任的家人也一次次令他失望，病因愁生，他终是郁结难舒。

临终前，公子见了许多人，其中便有恩师徐乾学，他说："生平诗文不多，随手挥写，辄复散佚，不甚存录。辱先生不鄙弃。"

他想，如果自己的诗文能被后人看见，会不会遇到共鸣之人？

人生若只如初见，公子笔下的诗文值得被更多人遇见。

康熙二十四年（1685）五月三十日，容若已经陷入昏迷，口齿不清地呢喃着一些话，官氏走近一听，忽而泪流满面。

他在唤卢氏的名字，负尽红颜心，也未曾负过亡妻深情。

今日，是卢氏的忌日。容若知道，他与尘世的缘尽了。回首一生，生于权贵之家，众星捧月，谁料还是为命运所困，表妹入宫，卢氏难产，沈宛回乡，他从未守住任何一个女子。官场之斗，腥风血雨，帝王臣子互相猜忌，这世间，可还有一寸净土？

窗外，夜合花落了满地，冷雨葬花名，谁葬他一生寂寞？

公子走了，逝于五月三十日，与卢氏同日而逝，年仅三十一岁。

公子啊，也曾凭栏而望醉流年，也曾谈笑纵情江湖间，也曾执笔挥毫作诗篇，也曾仗剑风雨为红颜。

康熙二十五年（1686），容若葬于叶赫那拉氏祖坟，与妻子卢氏葬于一处。

他愿与最爱之人长眠于此，百年之后，若有人路过皂荚屯，请记得，这里是叶赫那拉氏祖茔，这里葬着一位词人。

宣纸上，谁又读到了他的故事，殊不知自己正是故事中的人。

公子，将爱留在了人间。

## [4] 此情可待成追忆

沈宛，一个人的江南。

江南，一座寂静的小院，忽然响起一阵声嘶力竭的蝉鸣声，睡榻上的女子缓缓睁开眼睛，不知怎么回事，心中泛起莫名的慌乱。

她随手拿起枕旁的《饮水词》，读着上面的文字，以求得一丝温暖。

**临江仙·寒柳**

飞絮飞花何处是，层冰积雪摧残，疏疏一树五更寒。爱他明月好，憔悴也相关。

最是繁丝摇落后，转教人忆春山。湔裙梦断续应难。西风多少恨，吹不散眉弯。

这是一首咏柳词，咏寒柳，已被厚厚的冰雪摧残的柳，五更时分，柳枝分外凄冷，所幸明月无私，无论柳枝是茂密还是萧疏，都给予一般的月光。

读到这里，沈宛不禁苍凉一笑，这哪里是在写寒柳，分明是在写女子。

那女子就算憔悴，就算永诀，也抹不去他的思念。

下阕果然由柳树转向了人，最是繁茂柳丝飘落时，又忆当年佳人。梦中，无数次与她幽会，又无数次从梦中醒来，才知逝者已逝，断梦难续。

沈宛的指尖划过最后一行字：西风多少恨，吹不散眉弯。

容若，究竟谁能抚平你内心的伤？

这时，有人叩响陈旧的木门，沈宛打开门，是一位江南文人，那人递进来一封信，并道："京城的信。"

沈宛微微一怔，打开信后，读着上面密密麻麻的字，满纸楷书，她只记得最后一行字：容若于五月三十日病逝，节哀，保重。

一瞬间，天塌地陷。

他过世了？她临走之时，他明明还一切安好，只不过短短几月，怎么会……

沈宛一动不动地站在原地，暖风吹在身上，只觉刺骨地寒，钻心地痛。她后悔了，她不该离开他，若不离开，至少可以陪在他身边，陪着他走过人生最后的时光。

她爱他，她的爱从未改变，至死不渝。

这一年，沈宛产下一子，取名富森，这是容若的遗腹子。

他至死不知，她已身怀有孕。

心香燃尽，往事成灰。

富森七十岁时，乾隆皇帝过寿，宫中举办千叟宴，纳兰富森受邀参与了宴席。

那时候，人们早已忘记了他的生母，江南才女沈宛，她的名字消散在江南烟雨间，缘起缘灭，盼来生，再相见。

曹寅，纳兰心事几人知。

康熙三十四年（1695）秋，曹家的楝亭来了两位客人，一位是张纯修，一位是施世纶，曹寅与二人秉烛夜谈。

晚风凄凉，落叶纷飞，曹寅想起多年前的夜晚，他和容若也曾在此畅谈。

不知不觉，容若已离开他们十年了，相思血泪，断肠薄酒，那个温柔的人再也回不来了。

这夜，张纯修即兴作画《楝亭夜话图》。

曹寅写下《题楝亭夜话图》。

## 题楝亭夜话图

紫雪冥蒙楝花老，蛙鸣厅事多青草；庐江太守访故人，建康并驾能倾倒。

两家门第皆列戟，中年领郡稍迟早；文采风流政有余，相逢甚欲抒怀抱。

于时亦有不速客，合坐清严斗炎燸。岂无炙鲤与寒鹨，不乏蒸梨兼瀹枣。

二簋用享古则然，宾酬主醉今诚少。忆昔宿卫明光宫，楞伽山人貌姣好。

马曹狗监共嘲难，而今触痛伤枯槁。交情独剩张公子，晚识施君通纻缟。

多闻直谅复奚疑，此乐不殊鱼在藻。始觉诗书是坦途，未防车毂当行潦。

家家争唱饮水词，纳兰心事几曾知？斑丝廓落谁同在？岑寂名场尔许时。

其中，最出名之句便是"家家争唱饮水词，纳兰心事几曾知"，容若的心事，几人能知？

顾贞观：人生难逢是知己。

《炙砚琐谈》记载："容若殇后，梁汾得梦。梦中见容若曰：'文章知己，念不去怀。泡影石光，愿为息壤。'是夜，梁汾得一子，观其面目，宛然是容若，知为其后身无疑，心窃喜。弥月后，复得一梦，梦容若与己作别。醒来惊动。询问之，其子已卒。"

容若过世之后，顾贞观做了一个梦，梦中见到了容若，容若道："文章知己，念不去怀。泡影石光，愿为息壤。"

当天夜里，妻子便产下儿子，其子相貌与容若一模一样。

顾贞观认为这就是容若的再世,心中欢喜万分。

一个月后,顾贞观又梦到容若与自己作别,醒来后,听闻噩耗:孩子夭折。

这是后人杜撰的故事,带着几分传奇色彩。真实的历史是,容若病逝后,顾贞观悲痛不已,《祭文》中云:"伯牙之琴,盖自是终身不复鼓矣。何身可赎?何天可吁?音容僾然,泣涕如澍。再世天亲,誓言心许。魂兮归来,鉴此惊愫。"

高山流水,伯牙断琴,从此再无弦音。

京城,已没有他所留恋的人。那年,顾贞观回归故里,修剪了三楹书屋,名之为"积书岩",从此诗书为伴,不问俗事。